학봉 김성일, 충군애민의 삶을 살다

동양문화산책 31

학봉 김성일, 충군애민의 삶을 살다

기획 | 한국국학진흥원
지은이 | 김미영
펴낸이 | 오정혜
펴낸곳 | 예문서원

편집 | 유미희
디자인 | 김세연

인쇄 및 제본 | 주) 상지사 P&B

초판 1쇄 | 2016년 11월 15일

출판등록 | 1993년 1월 7일(제307-2010-51호)
주소 | 서울시 성북구 안암로9길 13, 4층(안암동 4가)
전화 | 925-5914 / 팩스 | 929-2285
홈페이지 | http://www.yemoon.com
이메일 | yemoonsw@empas.com

ISBN 978-89-7646-355-5 03990
ⓒ 金美榮 2016 Printed in Seoul, Korea

값 12,000원

* 이 책은 의성김씨 학봉종가의 지원을 받아 발간되었습니다.

동양문화산책 31

학봉 김성일, 충군애민의 삶을 살다

한국국학진흥원 기획
김미영 지음

예문서원

　　인물 평전은 '사람 이야기' 곧 한 인물이 살아온 삶의 행적
을 기록하는 작업이다. 하지만 스스로의 삶을 되돌아보며 정리
하는 일도 쉽지 않은데, 타인의 삶을 그것도 제한된 자료를 통해
조망하기란 결코 녹록지 않은 작업이다. 이런 이유로 대부분의
인물 평전은 그의 삶에서 특별한 의미를 갖는 주제를 중심으로
서술하는 방식을 취한다. 예컨대 조선시대 유학자의 경우에는
출생과 성장, 학문생활, 관직생활, 사상적 특징 등이 필수적으로
포함되며, 추가로 그의 정체성을 드러낼 수 있는 내용이 별도로
편성된다. 그런데 이런 서술방식은 해당 인물의 특징적 삶을 비
교적 잘 파악할 수 있다는 장점은 있지만, 주제별 서술이다 보니
심층적 논의를 피해갈 수 없다는 애로점이 뒤따른다. 그래서 비
록 일반인 대상으로 기획된 인물 평전이더라도 실제로는 관련 분
야의 식견을 가진 독자층으로 제한되게 마련이다.

이 책은 학봉鶴峰 김성일金誠一(1538~1593)의 삶을 대중적 글쓰기로 풀어 쓴 평전이다. 이를 위해 기존의 주제별 서술방식과 달리 연대기적 사건 중심으로 내용을 구성했는데, 이는 조선시대 유학자들의 생애를 연도별로 정리해 둔 연보年譜와 유사한 방식이다. 다만 연보는 각각의 정보를 연결시키지 않고 개별적으로 기록해 두는 반면에, 연대기는 연도별 정보에 연속성을 부여해 서술한다는 점이 다르다. 이로써 일반 독자들이 학봉 김성일의 삶을 전체적으로 이해하는 것이 보다 수월할 것으로 생각된다.

인물 평전의 주인공은 삶의 귀감이 되는 행적을 남긴 경우가 대부분이다. 그래서 이들의 삶은 오늘날 우리 사회의 정신적 좌표로서의 역할을 하면서 영구히 기억된다. 이런 점에서 훌륭한 역사적 인물의 삶과 정신은 지역과 국가의 소중한 문화자산이라고 할 수 있다. 그런데 이들의 삶이 단지 과거회귀형으로만 존재한다면 큰 의미를 가질 수 없고, 오늘날 우리들의 삶에서 귀감적 역할을 수행하는 현재진행형이면서 또 앞으로의 삶을 위한 좌표적 역할을 담당할 미래지향적이 되어야만 가치를 부여받을 수 있다.

학봉 김성일은 임진왜란 당시 경상우도병마절도사로 창원에 내려가서 의병을 일으켜 왜적을 몰아내고, 진주에서는 각지의 병력을 집결시켜 진주대첩을 성공적으로 이끌었다는 공적으로 선무원종공신宣武原從功臣에 녹훈되었다. 이후 불천위로 추대되어, 안동 서후면에 위치한 학봉종택의 사당에는 그의 신위神位가 모셔져 있다. 이로써 학봉은 사후 420년이 지난 오늘날까지도 영구히 기억되고 있는 것이다. 후손들 역시 김종길金鍾吉(1941~) 15대 종손을 중심으로 학봉의 삶과 정신을 이어 나가기 위해 활발한 노력을 기울이고 있다. 특히 김종길 종손은 도산서원 선비문화수련원 원장으로 있으면서 선비정신의 보급에 힘을 쏟고 있기도 하다. 훌륭한 조상을 모시고 있다는 것에 자족自足하지 않고 조상이 남긴 가르침을 가문과 지역, 전국을 넘어 세계를 대상으로 실천하고 있는 것이다. 이런 점에서 학봉 김성일의 삶과 정신은 과거 · 현재 · 미래를 넘나들면서 살아 숨 쉬고 있는 셈이다.

마지막으로 여러모로 부족한 필자에게 평전 집필을 수락해 주신 종손께 감사의 말씀을 올린다. 그리고 좋은 책을 만들기 위해 세밀한 부분까지 신경을 써 주신 예문서원 오정혜 대표께도 고마움을 전한다.

2016년 10월
김미영 씀

차례

한문에 서툰 아내에게 보낸 한글편지

요스이 치위어 대되 엇디 계신
고 フ장 스렴ㅎ뇌 나는 산음
고올 와셔 모믄 무스히 잇
거니와 봄 내드르면 도즈기
글월 거시니 아므려 홀 주
늘 몰나 ㅎ뇌. 쏘 직산
잇던 오손 다 와시니 치이
ㅎ고 이느가 분별 마소
댱모 뫼숩고 과세 됴히 ㅎ소
즈식돌게 우무 스디 몯ㅎ

여 몯ᄒᄂᆡ 됴히 이시라 ᄒᆞ소

감시라 ᄒᆞ여도 음시글 갓가

ᄉ로 먹고 ᄃᆞ니 〃 아ᄆᆞ 것도

보내디 몯ᄒᄂᆡ 사라서

서ᄂᆞ 다시 보면 그지ᄂᆞ 〃 홀

가마ᄂᆞᆫ 긔필 몯홀쇠

그리디 말오 편안히 겨소

그지 업서 이만 서ᄯᆞᆯ 스믈 나ᄒᆞᆫ날

【현대어 역】

요사이 추위에 모두들 어찌 계시는지 심히 걱정이 되오. 나는 산음山陰(지금의 경남 산청) 고을에 와서 몸은 무사히 있지만, 봄이 닥치면 도적들이 다시 쳐들어올 것이니 어찌해야 할지 모르겠소. 직산稷山에 있던 옷은 다 여기에 왔으니 추워하고 있는가 걱정하지 마시오. 장모님 모시고 과세過歲 잘 하시오. 자식들에게는 편지를 따로 쓰지 못하오. 잘 있으라 하오. 감사監司라고는 해도 음식을 겨우 먹고 다니는 형편이다 보니 아무 것도 보내지 못하오. 살아서 서로 다시 보면 그때나 나을까마는 기필期必을 정하지 못하겠소. 그리워하지 말고 편안히 계시오. 할 말이 끝이 없어 이만. 섣달 스무나흗날.

〈겉봉〉

寄內書

右監司宅 안동 납실

石魚 二尾

石茸 二斤

石榴 卄介

    1592년(선조 25) 새해를 앞둔 12월 24일 늦은 밤, 전란(임진왜란)이 한창일 무렵 산음 병영 막사의 한 켠에서 학봉鶴峰 김성일金誠一(1538~1593)이 수심에 가득 찬 표정으로 앉아 있다. 잠시 후 붓을 들어 "요사이 추위에 모두들 어찌 계시는지 심히 걱정이 되오"라고, 첫 줄을 쓰고는 다시 멈추기를 반복하면서 힘겹게 몇 줄을 써 내려가는가 싶더니 "살아서 서로 다시 보면 그때나 나을까마는……" 하는 대목에서 붓을 멈추고 밖을 내다본다. 섣달그믐 차가운 달빛에 비친 그의 얼굴에는 비장함마저 감돈다. 그러고는 다시 붓을 집어 "기필期必을 정하지 못하겠소. 그리워하지 말고 편안히 계시오"라고, 마치 영원한 이별을 암시하는 듯한 문장으로 편지의 끝을 맺었다.

    이 편지는 경상우도감사(경상우도관찰사)의 신분으로 경상도 산음현(지금의 경남 산청)에 머물고 있던 김성일이 안동에 있는 부인 안동권씨에게 보낸 것으로, 수신처는 안동 납실(猿谷)의 우감

학봉 김성일의 한글편지

사댁이다. 납실은 지금의 안동시 임동면 갈전리에 위치한 마을로, 김성일이 혼인을 하면서 처음으로 분가해서 살았던 곳이다. 즉, 아버지 청계靑溪 김진金璡(1500~1580)이 개척한 납실의 토지 40두락을 상속받아 그곳에서 살다가, 45세 되던 1582년에 처가 터전인 서후면 검제(金溪)로 옮겨 간다. 따라서 김성일이 편지를 보낸 1592년에는 가족들이 이미 검제에 살고 있었으므로, 아마 전란을 피해 잠시 납실로 피난해 있었던 것 같다. 납실은 김성일의 사인대舍人臺 유허비가 있는 곳이기도 하다.

편지의 첫머리는 매서운 추위에 가족들의 안부를 챙기고 자신도 무사히 잘 지내고 있으니 걱정하지 말라는 내용으로 시작되었다. 또 새해임에도 불구하고 음식을 보내지 못한다는 미안함도 함께 전하고 있다. 그러면서 조기 2마리, 석이버섯 2근, 석류 20개를 동봉하는 자상함도 잊지 않았다. 퇴계 이황의 고제高弟로서 학문과 행실을 인정받았고 관직에 있으면서 직언直言을 서슴지 않아 대궐 안의 호랑이(殿上虎)라는 별칭까지 얻은 강직한 그였지만, 가족에게만은 더없이 자상한 지아비이면서 인자한 아버지였던 것이다.

그런데 내용 가운데 "살아서 서로 다시 보면 그때나 나을까마는 기필期必을 정하지 못하겠소"라는 대목은 마치 앞으로 닥칠 자신의 운명을 예감이라도 하는 듯, 의미심장하게 읽힌다. 그러고는 "그리워하지 말고 편안히 계시오"라는 내용으로 마무리되는데, 실제로 김성일과 가족들의 인연은 이것으로 끝난다. 당시 김성일은 경상우도관찰사에 임명되어 경상우도(지금의 경상남도)를 총책임지고 있었으며, 이 편지를 보내고 4개월 뒤에 병으로 쓰러져 영영 일어나지 못할 몸이 되었다. 나이 56세였다.

전란의 소용돌이 속에서 진주성을 지키며 용맹스러움을 떨치던 지휘관이었지만, 가족이라는 사적인 영역에서는 여느 지아비, 여느 아버지와 다를 바 없는 모습을 보여 주고 있는 학봉 김성일! 관직생활을 하면서 바른말(直言)을 서슴지 않아 '대궐 안의 호랑이'(殿上虎)라는 별칭으로 불렸던 그가 가족들 앞에서 보여 주는 자상한 모습은 실로 의외가 아닐 수 없다. 또 한문에 서툰 아내가 행여 편지를 제대로 읽지 못할 수도 있다는 우려에서 손수 한글로 편지를 써 내려가는 따뜻한 배려심! 이쯤에서 그의 삶이 자못 궁금해진다. 아마도 이런 궁금증은 '학봉 김성일이 살아온 시간과 공간을 넘나들다 보면 어느 정도 풀리지 않을까' 하고 생각한다.

'천전오룡川前五龍'으로 태어나다

   학봉 김성일은 한국의 대표적인 명문거족인 의성김씨 후예로 태어났다. 의성김씨는 경순왕 김부金傅와 고려태조 왕건의 딸 신연공주 사이에서 태어난 김석金錫이 의성군義城君에 봉해지면서 시작된 성씨이다. 그러나 김석 이후 8세까지의 행적이 명확하지 않은 까닭에 9세 김용비金龍庇를 실질적인 시조로 삼고 있다.

   김용비는 고려 말 태자첨사를 지냈으며, 명종 시절 의성지역에서 홍건적을 물리치고 읍민邑民의 동요를 가라앉히는 공적을 세웠다. 그래서 고을 사람들이 그의 공덕을 기리기 위해 사당을 세워 모셔 오다가 1571년(중종 12) 그의 후손인 김안국이 경상도관찰사에 임명되어 의성에 들러 민정을 살피던 중 사당을 발견하여

오토산 진민사鎭民祠

진민사鎭民祠라는 편액을 내렸다. 원래는 의성 관아에 자리하고 있었으나 1871년 오토산五土山에 자리한 그의 묘소 아래로 옮겨 놓았다.

의성김씨의 안동 입향은 14세기 말 왕조교체기에 김용비의 현손玄孫 김거두金居斗에 의해 이루어졌다. 최초 정착지는 안동 풍산 우릉골이다. 이후 그의 아들 김천金洊이 방적골(지금의 율세동)로 옮겨 갔으며, 증손자 김만근金萬謹에 이르러 내앞(川前)마을에 정착한다. 김만근은 임하 일대에 강력한 기반을 가졌던 해주오씨 오계동吳季童의 사위로 들어가 상당량의 재산을 상속받으면서 내앞에

터전을 마련하는데, 김만근의 손자가
김성일의 아버지 청계 김진이다.

　김진은 내앞 의성김문을 크게 일
으킨 중흥조로 추앙되고 있으며, 강
원도와 영양 청기면 일대에 농경지를
개척하여 가문의 재정기반을 굳건히
다졌다. 특히 자식 8남매를 기르고
교육시키는 일에 지극한 정성을 기울
인 것으로 유명하다. 47세 되던 해인
1546년 부인 여흥민씨가 숨을 거두었
는데, 당시 맏아들 약봉藥峰 김극일金
克一(1522~1585)이 25세, 차남 귀봉龜峰
김수일金守一(1528~1583)이 19세, 그 아
래로 운암雲巖 김명일金明一(1534~1570)
이 13세, 그리고 김성일이 9세, 남악
南嶽 김복일金復一(1541~1591)이 6세였
다. 또 세 딸이 더 있어 슬하에 여덟
형제자매를 둔 셈이다.

　김진은 어린 나이에 어머니를 잃은 자녀들을 손수 길렀다.
잠자리에 들어서는 어린아이들을 좌우로 안고 다독이면서 잠을
재웠는데, 젖 달라는 아이들의 보채는 소리에 자신의 빈 젖을 물

청계종택

지금의 청계종택은 내앞 입향조 김만근의 아들 김예범(김성일의 조부)이 세웠으며, 규모는 70간 정도
였다. 이후 김성일의 아버지 청계 김진이 개축했으나, 1587년 화재로 종택 건물이 불에 타 버렸다.
이듬해 김성일의 주도 아래 새로 건립되었으며 보물 제450호로 지정되어 있다.

리는 일도 마다하지 않았다. 이에 대한 가슴 뭉클한 이야기가 김성일이 아버지를 위해 지은 행장行狀에 실려 있다.

큰형이 과거에 급제하고 어머니께서 돌아가셨을 때 슬하에 있던 어린 자녀들이 모두 8남매나 되었는데, 대부분 칠팔 세가 되었거나 강보에 싸여 있는 상태였다. 이에 아버지께서는 온갖 고생을 다해 기르면서 하지 않으신 일이 없었다. 한밤중에 양쪽으로 어린아이를 끌어안고 있으면 아이가 어미젖을 찾았는데, 그 소리가 매우 애처로웠다. 그때마다 아버지는 자신의 젖을 물려주었는데, 비록 젖이 나오지 않았지만 아이는 젖꼭지를 빨면서 울음을 그쳤다. 아버지께서 이 일을 말씀하실 적마다 좌우에서 듣는 사람들이 눈물을 흘리면서 울었다.

당시 자식에 대한 청계 김진의 깊은 사랑이 절로 느껴진다. 이에 얽힌 또 다른 일화가 가슴을 적셔 온다.

아버지께서 대들보에 있는 제비집을 들여다보니 주둥이가 노란 제비 새끼가 가득 있었는데, 제비 한 마리가 죽고 남은 제비 한 마리가 새끼를 기르고 있었다. 얼마 뒤에 수놈이 다른 암놈을 데리고 와서 두 마리가 함께 제비집으로 들어갔는데, 제비 새끼들이 모두 먹이를 달라고 입을 벌리다가 땅바닥으로 떨어졌다. 아버지께서 자세히 살펴보니, 새끼들이 모두 부리에 쪼여 있었다. 뒤에 데리고 들어온 암놈 제비가 새끼들을 해친 것이었다.

이를 지켜본 김진은 "동물도 이와 같은데 하물며 사람의 경우야 어떠하겠는가. 이것은 분명 하늘이 나를 경계시킨 것이다" 하면서 시 한 수를 지어 좌우에 걸어 놓고서 자신을 경계하는 다짐의 글로 삼았다고 한다. 47세에 부인을 여의고 재혼도 소실도 마다하고 81세까지 자녀교육에만 몰두하면서 34년 동안을 독신으로 살았다. 그는 자녀교육에서 '인의예지仁義禮智 효제충신孝悌忠信'의 덕목을 무엇보다 강조했다.

임금을 섬기는 도리는 당연히 성실함과 신임을 먼저 보여야 한다. 만약 신임을 보이지 못하고 헛되이 말만 내세운다면 비방과 의심을 면하기 어렵다. 또한 남의 신하가 된 사람은 차라리 옥玉이 되어 부서질지언정 기왓장이 되어 완전하기를 바라서는 안 된다. 사람이 차라리 올바른 도리로써 죽을지언정 그릇된 도리로써 목숨을 부지하면 안 된다. 너희들이 군자가 되어 죽는다면 나는 오히려 살아 있다고 믿을 것이요, 너희들이 소인이 되어 산다면 나는 오히려 죽은 것으로 여기겠다.

내용을 보듯이 비굴함이 아니라 당당함, 실리實利가 아니라 명분을 중시하는 삶의 가치를 강조하고 있다. 이는 수신제가치국평천하에서 인격을 연마하는 기본 단계인 수기지학修己之學에 해당하는 것으로, 김진 역시 학문에 힘쓰되 높은 벼슬과 같은 사회적 출세를 하기보다는 인격을 가다듬고 참사람이 되기를 바랐다. 이를 위해 그는 자녀들에게 몸소 실천하는 모습을 보여 주고자 했다. 당시 김진은 내앞마을 건너편 부암(지금의 백운정 아래)에 서당을 지어 거처하고 있었는데, 아침저녁으로 강을 건너 부모님이 계신 내앞 본가로 가서 안부를 여쭈었다. 비바람이 불어도 거르는 법이 없었다. 또 외출을 하고 돌아오면 반드시 부모님이 계신 곳에 먼저 들른 후에 물러났고, 비록 하찮은 음식이더라도 부모님에게 먼저 보내서 맛을 보시도록 하였다.

　　'수기지학'을 강조했던 그의 가르침 덕분인지 5백년 역사를 지닌 청계종택 어디에도 현판이 눈에 띄지 않는다. 사랑채는 물론이고 안채에까지 현판을 걸어두는 고택의 일반적 관례에 비추어볼 때 납득이 가지 않는 광경이다. 뿐만 아니라 김진은 영양 청기 농장에 별업別業을 세운 후 '흥림초사興林草舍'라고 이름 붙였다. '초당草堂'이라는 명칭이 일반적임에도 불구하고 '초사'를 택했던 까닭은 스스로를 낮추는 겸양의 자세이면서 삼감의 도리였던 것이다.

　　존조중종尊祖重宗의 도리 역시 그가 강조했던 교육덕목이다.

평소 그는 『주자가례』에 따라 공경스럽게 제사를 모시면서 "집안이 흥성하느냐 몰락하느냐는 반드시 제사를 지내는 데서 시작되는 법이다. 어찌 제사를 공경히 지내지 않으면서 복을 누리는 경우가 있겠는가"라며 제사를 공경하게 모시고 종가를 존중하라는 가르침을 강조하였다. 또 맏아들인 김극일에게 아들이 없자 차남 김수일의 아들 김철金澈을 양자로 들여 영양 청기의 토지를 제전祭田으로 정하고는 영구히 분할 상속하지 않도록 당부하기도 했다. 78세가 되던 해(1577)에는 자녀들에게 유계遺戒를 남겼는데,『연방세고』에 전한다.

『연방세고聯芳世稿』
청계 김진과 다섯 아들의 시문 및 각종 산문을 비롯하여 문인과 자손들이 지은 행장과 제문을 모아 엮은 문집이다. 초간본은 3책 8권이고, 중간본은 3책 5권으로 구성되어 있다.

대개 종가가 궁핍하고 여러 지손支孫들이 잘 살고 교활하게 되면 제물이 갖추어지지 않은 일을 두고 (지손들이) 종가를 능멸하여 꾸짖는 경우가 많다. 종손이 빈궁하면 비록 한 마리의 닭을 잡고 한 개의 박을 삶아서라도 제삿날을 헛되이 넘기지 않아야 마땅하다. 하지만 재물이 넉넉하면서도 가묘의 제사는 섬기지 않고 불공을 드리는 일이나 미신에 빠져 귀신에게 지내는 제사를 일삼는 자가 많다. 이런 경우 여럿이서 꾸짖고 대신 하인에게 곤장 백 대를 쳐서 벌해도 좋다.

그의 남다른 자녀교육 덕분이었는지 장남 김극일, 넷째 김성일, 다섯째 김복일이 문과에 급제하고, 둘째 김수일과 셋째 김명일이 사마시에 합격했다. 사람들은 다섯 아들이 등과登科를 했다고 해서 이들 형제를 '천전오룡川前五龍'이라 했으며, 청계종가를 '오자등과댁五子登科宅'이라고 불렀다.

'천김쟁쟁川金錚錚'으로 성장하다

천전김씨 쟁쟁하고(川金錚錚)

하회류씨 청청하다(河柳靑靑)

이 말은 내앞 의성김문의 외유내강한 품성을 빗대어 표현한
것으로, 김성일 역시 이러한 분위기 속에서 자랐다. 그에게는 위
로 세 분의 형님(약봉 김극일, 귀봉 김수일, 운암 김명일)과 세 누이가 있
고, 아래로는 한 명의 아우(남악 김복일)가 있다. 당시의 청계종가
에는 4대代가 함께 대가족을 이루면서 살고 있었다. 80세 고령의
증조할머니 해주오씨, 할아버지와 할머니 영해신씨, 숙부 김정金
珽과 김수金璲 형제가 아직 분가를 하지 않았고, 또 출가를 하지

않은 고모들, 그리고 김성일의 형제들이다. 김성일은 평소 아버지 청계 김진의 엄격한 글교육에 힘입어 형님들과 함께 늘 책을 가까이하는 분위기 속에서 성장했는데, 특히 4년 맏이인 김명일과 3년 아래인 김복일과 또래를 이루어 유년시절을 보냈다.

김성일은 어릴 때부터 남다른 영특함을 보였으며, 또 절대 굽히는 법이 없었다. 심지어 아이들과 어울려 놀다가 도리에 맞지 않은 일이 있으면 주저하지 않고 그 자리를 떠날지언정 자신의 뜻을 조금도 굽히지 않았다. 함부로 우쭐대며 또래를 괴롭히는 아이들이 있으면 그 자리에서 혼을 내 주는 굳센 골목대장이기도 했다. 이는 아마도 "차라리 옥이 되어 부서질지언정 기왓장이 되어 완전하기를 바랄 것 없다"라는 아버지의 가르침 때문이었던 것 같다. 그런 김성일의 모습을 지켜본 아버지 김진은 '훗날 반드시 불의에 기울지 않을 아이'라면서 칭찬을 아끼지 않았다.

이런 이야기도 전한다. 어느 날 김성일이 아이들과 가파른 층층바위 위에서 놀고 있었는데, 한 아이가 바위 아래로 굴러 떨어졌다. 다른 아이들은 모두 놀라 달아났지만 김성일은 곧바로 다친 아이에게 뛰어가서 상처를 살피고는 집으로 달려가 어른들에게 알렸고, 그 덕분에 아이를 무사히 구할 수 있었다. 뒷날 이 말을 전해들은 사람들이 옛날 중국 북송의 사마광이 독을 깨뜨려 독에 빠진 아이를 살려 낸 일에 비유하곤 했는데, 그만큼 김성일의 영특함을 말해 주는 것이라 하겠다. 이 외에도 그의 명석함에

청계 김진의 친필 유언
청계 김진이 78세이던 1577년 6월 23일에 친필로 작성한 유언이다.
제사를 검소하게 지낼 것, 종가를 성심으로 수호할 것 등의 내용이
담겨 있다.

얽힌 유년기 일화가 많다.

어느 무더운 여름 청계 김진이 낮잠을 자고 있었는데, 구렁이
한 마리가 청계를 향해 기어가고 있었다. 다른 아이들은 모두
겁이 나서 달아났다. 그러나 김성일은 급히 밖으로 뛰쳐나가
개구리 한 마리를 잡아 와서 구렁이 곁에 놓고 유인하여 아버
지를 위험으로부터 구했다.

나중에 이 말을 전해들은 김진은 아들의 총명함에 크게 기뻐
했다고 한다. 또 이런 일도 있었다. 신관 사또가 부임하는 길에
내앞마을을 지나다가 아무런 전갈도 없이 청계종가에 들이닥쳤
다. 이에 김진이 놀라 찾아온 까닭을 물으니, "김 진사께서는 영
특한 아들을 두어 부럽습니다"라고 하는 것이었다. 그러면서 자
초지종을 설명하기 시작했다. "제가 마을 앞을 지나는데 언덕 위
에서 놀고 있던 어떤 아이가 내 가마를 향해 오줌을 누지 않겠습
니까? 그래서 아이를 불러서 보니 초롱초롱한 눈망울을 깜박거
리며 싱글벙글 웃고만 있는 모습이 너무나 기이하여 벌을 내릴
생각으로 '네가 시를 지을 수 있겠느냐? 만약 지을 수 있다면 용
서해 줄 것이니라' 고 했습니다. 그러자 아이가

사또 어이 먼저 벼슬하고 나는 어이 늦었나요

봄 난초 가을 국화 제각기 때가 있다오.

사람들아 저 탑보다 솔이 낮다고 말하지 말라

솔이 자란 그날엔 탑이 도리어 낮아지리라.

라고 했으니, 이만하면 김 진사댁에 재주가 나지 않았습니까?'
하면서 다시금 정중히 인사를 올렸다는 이야기이다.

관직에 있을 때 임금에게 직언을 서슴지 않았던 까닭에 '대
궐 안의 호랑이'(殿上虎)로 불렸던 김성일은 어린 시절부터 굴하
지 않는 남다른 강직함을 지니고 있었다. 1547년 그가 10세 되던
해에 아버지 김진이 내앞마을 건너편에 독서당을 짓고 자제들과
마을 아이들을 모아 글공부를 시켰다. 하루는 김진이 학동들에
게 벌을 줄 때 사용할 생각으로 매를 각각 구해 오도록 지시했다.
그러자 김성일은 여느 아이들과 달리 굵직하고 튼튼한 매를 구해
와서 내밀었다. 이를 본 김진이 까닭을 물으니 "매가 아프지 않
으면 징계가 되겠습니까?"라고 하면서 의연하게 답했는데, 반듯
하면서 굳센 그의 성품이 잘 드러나는 대목이다. 그는 영특했던
만큼 짓궂은 장난꾸러기이기도 했다.

하루는 부친의 친구분이 오셨다. 마침 그분이 상중喪中이었던
터라 상장喪杖(상주가 짚는 지팡이로, 부친상에는 대나무, 모친상에
는 버드나무나 오동나무를 사용함)으로 사용하는 굵직한 버드나

백운정白雲亭
백운정은 귀봉 김수일이 부친 청계 김진으로부터 물려받은 부지에 건립한 정자이다. 정면 3칸 측면 2칸의 팔작지붕이다.

무 지팡이를 밖에 걸쳐 두고 방에서 부친과 담소를 나누고 계셨다. 개구쟁이 김성일은 이 지팡이를 가랑이 사이에 끼우고 말 타기 놀이를 하고는 버드나무 숲에 감추어 두었다. 날이 저물어 손님이 돌아가려고 지팡이를 찾았으나 어디에도 없었다. 그러자 부친 김진이 평소 개구쟁이 짓을 곧잘 했던 김성일을 불러 지팡이가 어디 있는지를 물으니,

백운정

이 말은 어느 해에 대완을 나왔던고

올 때 응당 옥문관을 밟았으리.

지금 바야흐로 천하가 잘 다스려지니

한가로이 봄바람 나부끼는 가는 버드나무 사이에 매어 있다오.

하는 시를 지어 숨겨진 곳을 말하고 버드나무 숲에서 지팡이

를 가져왔다.

대완이란 뛰어난 말들이 많이 나는 고장, 곧 지금의 아라비아를 일컫고, 옥문관은 중국 섬서성 서쪽 끝에 있는 관문인데, 아라비아에서 실크로드를 거쳐 중국으로 들어오는 상인과 문물들이 출입하는 곳이며 버드나무가 많이 생산되는 지역이기도 하다. 버드나무로 말 타기 놀이를 하는 장난은 어린아이라면 누구나 할 법도 하지만, 이런 시를 짓는다는 것은 감히 상상조차 할 수 없는 일이다. 짓궂은 장난을 하는 가운데서도 범상치 않은 면모를 잘 드러내고 있는 이야기이다.

1554년 그가 17세 되던 해 겨울에 있었던 일이다. 맏형 김극일이 함경도 홍원洪原에서 현감 벼슬을 하고 있을 때 김성일은 형제들과 함께 그곳에 가서 범절을 배우며 글공부를 하였다. 그러던 어느 날 성 안에 불이 나자 사람들이 모두 달려가 불을 끄기 시작했는데, 그가 건물 안으로 급히 뛰어들어 가더니 무거운 책 상자를 등에 짊어지고 임금을 상징하는 나무로 된 전패殿牌를 손에 받들고 나왔다. 불을 끄고 난 뒤 이야기를 전해들은 맏형 김극일이 "허허, 그랬었구나! 아우는 반드시 학문에 힘써서 큰 인물이 될 것이야!"라면서 기뻐했다는 이야기이다. 다음 해 18세 되던 겨울, 홍원을 떠나 고향 내앞으로 돌아왔고, 섣달에는 서후면 검제 출신의 안동권씨 권덕황의 딸에게 장가들었다. 그 이듬해인 1556년 19세 때에는 퇴계 이황의 가르침을 받기 위해 도산으로 찾아갔다.

'옳은 학문'에 뜻을 두고
퇴계 이황의 문하로 들어가다

　　김성일이 퇴계 이황을 찾게 된 일화가 전한다. 그는 19세 되던 해에 아우 김복일과 소수서원에서 글공부를 하고 있었는데, 그러던 중 갑자기 글 읽기를 멈추더니 "선비가 세상에 태어나서 과거공부만 하고, 천지만물의 이치와 자신의 본질을 깨우치는 학문을 모른다면 부끄러운 일이다. 퇴계선생은 현재 우리나라 최고의 스승이니 가서 배우지 않을 수 있겠는가?"라고 하면서 한숨을 내쉬었다. 그러고는 내앞 본가로 가서 아버지 김진에게 허락을 받고 퇴계 이황을 찾아뵙기로 마음먹는다. 얼마 후 그는 내앞에서 도산까지 거의 백 리 가까운 길을 아우 김복일과 함께 걸어가 계상서당溪上書堂에 도착했다.

복원된 계상서당
퇴계 이황이 51세 되던 해에 제자들을 가르치기 위해 강학 장소로 지은 건물로, 2000년에 퇴계종
택 건너편에 복원되었다.

당시 56세였던 이황은 성균관대사성을 역임하고 도산에 머물고 있었다. 이황은 아우를 데리고 무작정 찾아온 김성일의 총명한 모습과 올곧은 됨됨이를 보고 무척 기뻐했다고 한다. 이때부터 김성일은 내앞과 도산을 오가면서 이황의 가르침을 받았는데, 이황의 제자 중에서 학문이나 행실이 그를 앞서는 이가 드물었다.

이듬해 1557년에는 학가산 광흥사에 들어가서 글공부를 했다. 아들의 과거급제를 간절히 바라는 아버지의 기대를 저버리지 않기 위함이었다. 그러는 가운데 퇴계 이황을 찾아뵈면서 성리학을 중심으로 한 자기수양의 학문을 배우는 일도 게을리하지 않았다. 1558년 21세 되던 해 6월에는 아우 김복일과 함께 도산으로 들어가서 『서경書經』을 배웠으며, 선기옥형璇璣玉衡(혹은 渾天儀, 천체를 관측하는 기계)에 관해서도 깊이 탐구했다. 특히 김성일 형제는 선기옥형에 대해 의문 나는 곳을 이황에게 묻고는 자리에서 물러나 머리를 맞대어 토론하곤 했는데, 이 모습을 지켜본 이황은 학문에 임하는 이들 형제의 진지함에 매우 기뻐했다고 한다.

실제로 이황은 지인에게 보내는 편지에서 "김사순金士純(김성일)이 도산에 머무르고 있는데, 찌는 듯한 무더위를 무릅쓰고 산을 넘고 오가면서 『서경』을 공부하다가 의심나는 곳이 있으면 내게 질문을 하곤 한다. 이 사람은 성격이 부지런하고 또 배우기를 좋아하매, 그와 함께 학문을 하고 있으니 매우 도움이 된다는 것을 깨닫는다. 김사순은 행실이 고상하고 학문이 정밀하니, 나는 그에 비길 만한 사람을 보지 못했다"라고 하면서 칭찬을 아끼지 않았다. 당대 대유학자였던 퇴계 이황이 "함께 학문을 하고 있으니 매우 도움이 된다는 것을 깨닫는다"라고 할 정도로 학문에 임하는 김성일의 진지한 태도를 엿볼 수 있다.

김성일 역시 스승 퇴계 이황에 대한 존경심을 항상 가슴에 품고 있었다. 이런 그의 마음은 이황이 세상을 뜨고 나서 「퇴계

「계상정거도溪上靜居圖」
겸재謙齋 정선鄭敾(1676~1759)이 1746년에 그린 산수화이다. 보물 제585호로 지정된 『퇴우이선생진적退尤二先生眞蹟』에 실려 있다.

선생사전退溪先生史傳」이라는 글로 표현되었는데, 뒷날 『퇴계문
집』에 수록되었다.

선생의 학문은 '경敬'이 중심이 된다. 그래서 경공부가 처음부
터 끝까지 선생의 학문을 꿰뚫고 있다. 선생은 움직일 때나 고
요히 있을 때나 공경한 마음가짐과 태도를 지니셨다. 혼자 있
어 마음이 느슨해지기 쉬울 때도 조금의 흐트러짐이 없으셨
다. 이치를 밝히는 공부는 이치의 근원과 그 이치가 드러난 현
상을 두루 밝히셨고, 사물의 근본과 말단을 두루 통하셨다. 그

리하여 참된 앎을 이루셨고, 그것을 마음속으로 깊이 깨달아 간직하셨다. 또 일상에서 말할 때나 조용히 있을 때나 항상 반듯하셨다. 티끌처럼 작은 일이라도 소홀히 하지 않고 바른 길을 살펴 행하셨다. 이렇게 해서 겉으로는 쉽고 분명하게 지내고 행동하셨으나 그 안에 남이 미처 알 수 없는 깊고 깊은 뜻이 있었다. 늘 겸손하게 사양하셨으니, 다른 사람은 결코 뛰어넘을 수 없는 경지에 계셨다. 또 일찍이 말씀하시기를 "벼슬이란 도道를 행하기 위한 것이요, 녹祿을 구하기 위한 것이 아니다"라고 하여 벼슬살이 40년에 4대代 군주를 섬기면서 나아가고 물러섬에 있어 한결같이 의義를 따랐으며, 의에 어긋나면 물러남을 멈추지 않았다. 오늘날 사대부는 과거공부를 위해서만 글을 읽을 뿐 성현의 깊고 깊은 가르침이 있는 줄은 모른다. 또 벼슬길에 나가면 녹봉祿俸의 화려함만을 알고 굳은 절의가 있는 줄은 모른다. 어리석기 그지없어 부끄러움을 모르고 의리도 모르고 있다가 비로소 선생이 나타나심으로써 어리석었던 사대부들이 가르침을 듣고 간혹 일어나는 자者가 있었다.

김성일이 말하는 스승 퇴계 이황에게는 뭇사람들이 미처 흉내 낼 수 없는 것이 있었다. 그것은 바로 드높은 학문과 나아가고 물러섬을 아는 진퇴進退의 도道, 그리고 겸허함의 덕德이었다. 그러면서 그는 "가르침을 듣고 간혹 일어나는 자가 있었다"라고,

마치 자기고백이라도 하듯이 마무리 지었다. 이처럼 김성일은 스승 퇴계 이황으로부터 학문만이 아니라 사람됨의 기본 도리에 대한 가르침도 받았다.

같은 해 1558년 가을에는 이황으로부터 『역학계몽』을 배웠다. 『역학계몽』은 성리학을 집대성한 송나라의 주희가 초학자를 위해 지은 주역 해설서이다. 당시 이황은 손자 안도安道에게 보내는 편지에서 "요즘 김사순과 우경선禹景善(1542~1593)이 『역학계몽』을 읽으려고 하니, 너도 꼭 내려 와서 함께 읽어라!" 하고 당부하기도 했다. 또 덧붙이기를 "최근 김사순과 우경선 두 사람의 뜻과 나아가고자 하는 방향이 매우 건실한데, 이들 두 사람 모두 이 일에 온 마음을 기울이고 있다. 어떤 일에 뜻을 세우는 정성이 이와 같이 간절하다면 무엇을 구한들 얻지 못하겠으며, 무엇을 배운들 이루지 못하랴!"라고 했는데, 손자의 글공부를 김성일의 학업에 맞춰 권유할 정도로 그를 깊이 신뢰하고 있었다.

1561년 24세 되던 해 11월, 김성일은 다시 도산을 찾는다. 이황이 회갑을 맞이했기 때문이다. 또한 그때 마침 도산서당이 완공되어 강학 장소를 계상서당에서 도산서당으로 옮겼는데, 김성일은 가르침을 받기 위해 그대로 머물렀다. 주로 『대학』과 「태극도설」을 배웠다. 「태극도설」은 중국 북송의 유학자 주돈이가 '우주는 어떻게 생겨났는가, 또 인간 윤리의 뿌리는 무엇이며 인간은 어떤 자세로 살아가야 하는가'를 설명해 둔 글이다.

형제들과 나란히 과거에 급제하다

　　1563년 26세 되던 해 가을, 김성일은 진사시 향시에 합격하고 이듬해 1564년 27세에는 진사회시 2등에 합격했다. 이때 셋째 형 김명일과 아우 김복일도 나란히 합격하여 집안은 물론 온 고을이 떠들썩했다. 당시 맏형 김극일은 일찍이 대과급제를 하여 벼슬길에 나가 있었고, 나머지 4형제가 소과에 합격해 있었다. 이때부터 내앞마을 청계종가는 다섯 아들이 과거에 오른 집이라는 뜻에서 '오자등과댁五子登科宅'으로 불렸다.

　　이듬해 28세 되던 1565년의 2월, 그는 서울에 있는 성균관에 유학하였다. 성균관은 주로 진사시에 합격한 사람들이 대과를 준비하는 곳이다. 그러나 얼마 지나지 않아 9월 무렵 "대장부의

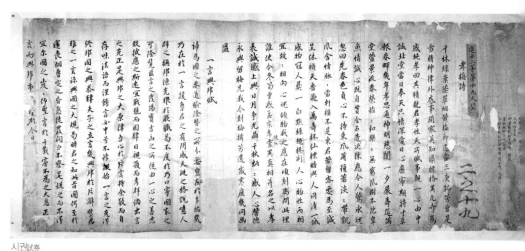

시권試券

1564년 학봉 김성일이 진사시 2등으로 합격했을 때 작성한 시험 답안지이다.

뜻이 벼슬하는 데 있지 않다" 하면서, 이른바 시험용 공부가 아
닌 순수 학문의 길을 걷고 싶다는 생각을 하게 된다. 벼슬살이가
나라에 충성하고 백성을 위하면서 자신의 꿈을 실현해 가는 길이
아니라, 정치 싸움의 장場이 되고 자칫 잘못하면 큰 화禍를 입기
쉬운 길이라고 깨달았던 것이다. 그래서 스승 퇴계 이황에게 "과
거공부를 그만두고 좋아하는 학문의 길을 가려고 합니다"라는
내용의 편지를 보낸다. 하지만 스승으로부터 온 답장에는 다음
과 같은 내용이 적혀 있었다.

부형(아버지)이 계시는데 어찌 뜻대로 하겠는가? 다만 내외경 중內外輕重(道는 안, 科擧는 밖)의 구분을 밝히지 않을 수 없으니, "개중에는 저 나름대로 초연한 곳이 있는데, 어찌 아이들과 함께 분망함을 배우랴"라는 한 편의 시와, "간절히 반복하여 사학邪學을 물리치고 차가운 방에서 오래토록 마음 같이 할 것 기약하세"라는 시구를 기억하여 그것으로 마음을 가다듬는 뜻으로 삼게나!

평소 제자들에게 "벼슬이란 도道를 행하기 위한 것이요, 녹祿을 구하기 위한 것이 아니다"라고 강조해 온 이황의 입장에서 볼 때, 과거를 위한 글공부에 회의를 느끼고 참된 학문의 길을 걷고자 하는 제자가 더없이 흐뭇했을 텐데, 선뜻 수락하지 않았던 것이다. 이 대목을 통해서도 이황이 추구해 온 학문은 사회적 출세가 아닌 '위기지학爲己之學'이었으며, 이를 위해서는 학문 이전에 참된 인간으로서의 도리, 곧 효의 실천을 중시했음을 알 수 있다.

김성일은 스승의 뜻을 받들어 성균관에 그대로 머물렀다. 그러나 마음은 편치 않았다. 결국 그해 겨울을 넘기지 못하고 성균관에서 나왔다. 그가 성균관에서 공부한 기간은 대략 7~8개월 정도이다. 그리고는 내앞 본가로 돌아와서 셋째 형 김명일과 함께 도산으로 가 이황의 가르침을 받았다. 이듬해 1566년 29세 되던 1월에 내앞으로 돌아왔는데, 이것도 잠시뿐 이황의 부름을 받

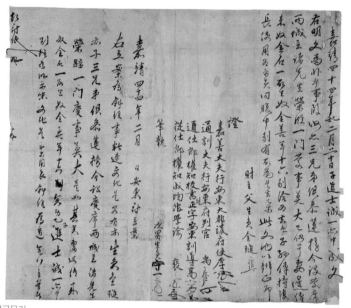

별급문기
1565년 아버지 김진이 김성일의 진사시 합격을 축하하기 위해 상으로 노비 1구口를 별급하는 상속문서이다.

고 다시 도산으로 향한다. 이때 이황은 요임금과 순임금을 비롯하여 공자, 맹자를 거쳐 송나라 성리학자들에 이르기까지 성현들의 학문 내용과 수양 방법인 심법心法을 적은 병명屛銘(병풍용 글자) 80자를 손수 써서 그에게 건네주었다.

　　공경과 참됨으로 덕을 이룬 이는 요순堯舜이요

두려움과 공경으로 덕을 닦은 이는 우탕禹湯이네.

공경하고 삼감은 문왕文王의 마음이요

넓고도 원대함은 무왕武王의 정치로다.

노력하고 조심하라 말한 이는 주공周公이요

공자孔子는 분발하면 침식 잊고 깨치면 즐겁다 말하였네.

자신을 반성하며 밤낮없이 조심한 이는 증자曾子요

사욕을 이겨내고 예禮를 회복한 이는 안자顔子였네.

경계하며 조심하고 혼자 있을 때 삼가서

명성으로 지극한 도를 이룬 이는 자사子思요.

마음을 보존하여 하늘을 섬기며

올바른 의義로 호연지기 기른 이는 맹자孟子였네.

온갖 욕심 다 버리고 조용히 지내면서

맑은 날 바람과 비 갠 뒤 달빛 같은 이는 염계濂溪요.

풍월을 읊조리며 돌아오는 모습에

온화하고 우뚝한 기상 지닌 이는 명도明道였네.

정제된 몸가짐에 엄숙한 품격으로

전일專一을 위주로 변동함이 없는 이는 이천伊川이요.

박문博文과 약례約禮가 지극하여

정통의 연원을 이어받은 이는 주자朱子이시네.

堯欽舜一　禹祗湯慄

翼翼文心　蕩蕩武極

周稱乾惕	孔云憤樂
曾省戰兢	顏事克復
戒懼愼獨	明誠凝道
操存事天	直義養浩
主靜無欲	光風霽月
吟弄歸來	揚休山立
整齊嚴肅	主一無適
博約兩至	淵源正脈

아마도 당시 이황은 대과를 거쳐 벼슬길에 나아가 성공하기를 간절히 원하는 아버지 김진의 기대와 인격수양을 위한 순수 학문에만 전념하고 싶은 스스로의 희망 사이에서 갈등을 겪고 있던 김성일을 위로하기 위해 손수 글을 써서 건네주었을 것이다. 김성일에 대한 이황의 깊은 애정이 느껴진다. 그런데 아쉽게도 이황의 친필은 두 폭 16자만이 남아 있다.

병명에는 요임금과 순임금으로부터 유학의 도道가 전해 내려온 줄기를 따라가면서 마디마디에 있는 성현들의 학문 내용과 방법이 함축적인 문구로 표현되어 있다. 즉, 도가 전해 내려온 계통(道統)을 따라가면서 그들이 이룬 도의 내용을 설명해 둔 것이다. 훗날 김성일의 학문을 계승한 학봉학맥에서는 이 병명을 김성일이 퇴계 이황의 학문을 계승한 제자임을 증명해 주는 글이라

병명屛銘

퇴계 이황이 김성일에게 써 준 80자 병풍용 글자이다. 현재 16자만이 남아 있다.

고 하여, 김성일이야말로 이황의 학문적 적통임을 주장하는 근거
로 삼았다. 즉, 주자의 학문을 말하는 마지막 구절이 이황 자신이
주자의 학문을 계승한 사람임을 말하는 것이고, 이를 그에게 써
준 이유는 자신의 학문을 이어 갈 사람으로 김성일을 마음에 두
었기 때문이라는 것이다.

그는 스승이 써 준 '병명'을 평생 가슴에 새기며 심학心學의
도통을 이해하고, 이를 토대로 자신의 학문 방향을 설정해 나갔

다. 이처럼 이황이 김성일에게 심학을 담고 있는 병명을 써 준 또다른 이유는 김성일의 평소 기질 때문이었을 것으로 보인다. 그는 어린 시절부터 꿋꿋하고 굽히지 않는 성격을 갖고 있었다. 심지어 『조선왕조실록』에도 다음과 같이 적혀 있다.

> 류성룡과 조목, 김성일은 함께 이황의 문하에서 배웠다. 김성일은 마음가짐이 굳세고 꿋꿋하며 학문이 독실하였다. 모습은 고상하고 위엄이 있으며 행동거지는 가지런하였다. 바른말이 조정에서 받아들여지지는 않았으나 그 충성과 절개의 빼어남이 남달라서 다른 사람들이 감히 다른 의견을 내지 못하였다.

김성일은 꿋꿋하고 독실한 성품을 가진 만큼 지나치게 강하고 엄격한 부분도 적지 않았다. 그런데 김성일 스스로도 이러한 자신의 성격을 익히 알고 있었다. 실제로 그는 자신이 악한 사람을 지나치게 미워하여 모난 점이 많다는 것을 깨닫고 '관홍寬弘'(너그럽게 넉넉하게)이라는 두 글자를 크게 써서 벽에 붙여 두고 때때로 쳐다보면서 마음에 깊이 새겨 잊지 않으려 했다고 한다. 따라서 이황 역시 그의 독실한 학문적 태도를 칭찬하는 의미에서 병명을 건네주었을 것이고, 또 지나치게 강하고 꿋꿋한 성격을 늘 삼가고 조심하는, 곧 경敬의 마음으로 가다듬어 학문적 성공을 크게 이루기를 바란다는 뜻도 담았을 것이다.

    김성일은 이황으로부터 '병명'을 받아 들고 내앞 본가로 돌아왔다. 그러고는 '병명'의 글귀를 찬찬히 음미하면서 깊은 생각에 잠겼다. 그것은 아마 스승의 학문을 가슴에 담아 둔 채로 벼슬살이를 위한 글공부를 해야 한다는 나름의 고민이었을 것이다. 그러나 결국 아버지의 뜻을 받들어 형제들과 함께 선유정仙遊亭으로 가서 글공부에 임한다.

5형제가 선유정에서 글을 읽다

    퇴계 이황이 즐겨 찾았던 청량산을 진성이씨가 '오가산吾家 山'이라고 하듯이, 도연陶淵은 내앞 의성김문의 '수기장소修己場所' 였다. 도연의 원래 이름은 '낙연落淵'이다. 반변천이 이곳에 이르 러 갈라진 바위 사이로 폭포를 이루어 떨어지면서 연못을 만든다 고 해서 붙여진 명칭이다. 김성일의 아버지 김진은 선유정仙遊亭을 세워 학문을 연마하는 장소로 삼았고, 김진의 증손자 표은瓢隱 김 시온金是榲(1598~1669)은 와룡초당을 지어 은거생활을 하기도 했다.

    선유정의 건립연대는 확실하지 않다. 다만 김성일 연보 1566년의 "여러 형제들과 함께 선유정에서 학업을 익혔다. 판서 공 청계가 일찍이 약산 바위골짜기에 선유정을 세웠는데, 물과

도연陶淵 전경
안동시 길안면 용계리에 속한 도연은 1990년 임하댐 준공으로 수몰되었다.

바위들로 인해 그윽한 운치가 있었다. 형제들이 이곳을 오가며 공부하여 정자가 비어 있는 날이 거의 없었다. 마음을 가라앉힌 후 생각하고 살피는 공부는 대개 여기서 얻은 바가 많다"라는 내용으로 볼 때, 1566년 이전에 건립되었을 것이라는 추측만 가능할 뿐이다.

　비록 김진은 세상에 이름을 크게 드러내지는 않았지만, 자손들의 학문을 위한 이상적인 공간을 마련하고자 각별한 힘을 기울였다. 이를 위해 그는 도연을 내앞 의성김문의 위기지학爲己之學의 이상향으로 삼았던 것이다. 그래서 약산 바윗골에 선유정을

선유정仙遊亭

청계 김진이 셋째 아들 운암 김명일에게 준 정자이다. 건립연도는 알 수 없으나 1566년 형제들이
이곳에서 공부했다는 김성일의 연보를 보면, 그 이전에 세워졌을 것으로 추측된다. 원래는 길안면
용계리 도연陶淵에 있었으나 1949년 길안에 파견되어 있던 군부대가 빨치산 토벌을 이유로 도연
일대의 건물을 소각할 때 불타 버렸다. 1987년 임하면 임하리에 재건되었다.

짓고는 자제들과 함께 자주 찾았
다. 그러고는 자제들이 글공부를
하고 있는 모습을 흐뭇하게 지켜
보면서 가문의 밝은 미래를 상상
하곤 했다. 당시 주변 사람들은 김
진이 대소과에 오른 다섯 형제들
의 수행을 받으며 선유정에서 지
내는 모습을 보고 "가죽신과 홀笏
(관직에 있는 이가 관복을 입었을 때 손에
드는 手板)이 항시 마루에 가득했
다"라고 묘사해 두었다. 그러다가
김진은 나이가 들어 선유정을 방
문하는 것이 더 이상 힘들게 되자
자신의 초상을 선유정 벽에 걸고,
또 '선유정에 붙이는 시'를 지어
그 옆에 함께 두었다.

선유정에 부친다

호은정 머리에서 지팡이에 기대서니
가을바람 나를 실어 선유정으로 날아가네.

넓은 강은 북쪽으로 터져 물소리 웅장하고
큰 바위는 서쪽에 웅크려 범처럼 노려보네.
반짝이는 물결에 단풍 비쳐 비단이요
맑은 물가 모래 희어 달빛은 깁이어라.
평생의 강호흥취 아직도 다하지 못해
늙은 모습 그려 남쪽 벽에 부쳐두네.

훗날 선유정이 내앞 의성김문에게 각별한 장소로 여겨지게
된 것도 청계 김진의 초상화가 걸려 있었기 때문이다. 김성일 역
시 선유정에 각별한 애착을 갖고 있었는데, 이후 벼슬에서 잠시
물러나 있을 때 선유정에 은거하여 학문에 전념할 생각으로 대나
무를 심기도 했다. 이때 그가 지은 시 한 편이 전한다.

선유정에 대나무를 심다

옥 같은 골짜기가 신선 사는 굴을 둘러싸고
푸른 산은 남두성 가에 꽂혀 있네.
창은 열려 흰 구름이 들어와 어리고
누대는 높아 밝은 달이 침상까지 비치네.
높은 지위에 오르는 것 처음부터 원한 바 아니었고
은거할 마음 끝내 잊은 적 없네.

먼저 대나무를 심어 두어

거친 덤불 치우고 오솔길 열어 놓네.

이 시는 김성일이 대과급제를 하여 벼슬길에 오르고 나서 지은 것이다. 당시 그는 "높은 지위에 오르는 것 처음부터 원한 바 아니었고, 은거할 마음 끝내 잊은 적 없네"라고 하여, 벼슬살이를 하는 내내 도연 기슭에 자리한 선유정을 마음에 담고 있었음을 드러낸다. 일찍이 진사시에 합격하고 대과 준비를 위해 성균관에 들어갔지만, 벼슬살이를 위한 글공부에 회의를 느껴 8개월 남짓의 생활을 청산하고 고향으로 되돌아왔듯이, 세속적 삶에서 벗어나고자 하는 갈망을 늘 가슴에 지니고 있었던 것이다.

김성일은 스승 퇴계 이황이 건네준 '병명'을 받아들고 마음을 가다듬은 후 학업에 전념하여 31세 되던 1568년 4월 증광향시에 합격하고, 마침내 6월에는 문과에 급제한다.

'대궐 안의 호랑이' 가 되다

'대궐 안의 호랑이'(殿上虎)는 김성일의 강직성을 단적으로 말해 주는 그의 별호別號이다. 관직생활을 할 때 상대가 누구이든 간에 옳지 못한 일에 대해서는 바른말(直言)을 서슴지 않았다고 해서 붙여진 이름이다.

1568년 문과급제를 이룬 김성일은 가을 무렵 승문원부정자로 벼슬살이를 시작한다. 그리고 이듬해 1569년 봄에는 승문원 정자로 승진하였다. 그런데 33세 되던 1570년은 그의 삶에서 슬픔이 많은 해였다. 3월 무렵 과거를 치르러 서울에 온 셋째 형 운암 김명일이 갑자기 병이 깊어져 고향으로 돌아가다가 숨을 거두었기 때문이다. 당시 김명일은 둘째 형 귀봉 김수일, 아우 남악

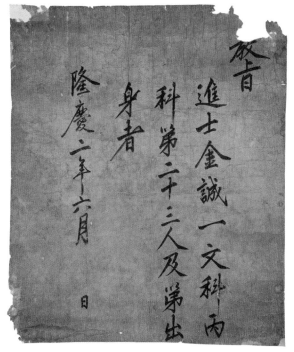

김복일과 함께 대과시험을 위해 서울 객관에 머물고 있다가 병이
위중해져서 귀향할 수밖에 없었다. 이때 형 김수일이 자신의 과
거를 포기하고 아우와 동행하였는데, 김명일은 고향으로 가던 중
경기도 용인 금량역에서 생을 마감하고 말았다. 당시 김성일은
둘째 형 김수일이 과거시험을 포기하고 고향으로 향하는 뒷모습

을 지켜보면서 시 한수를 짓는다.

한강 물은 유유히 흘러가는데
이별 정은 내 맘대로 할 수 없네.
가는 걸음 강 길 따라 멀어져 가고
고갯마루 구름 따라 내 마음 가네.
고향 부모 생각함에 눈물이 나고
주고받는 석별 잔에 마음 애닯네.
강나루에 사람들 모두 떠나갔는데
석양 속에 나 홀로 누각 오르네.

그러나 무엇보다 김성일을 더욱 슬프게 한 것은 그해 12월 스승인 퇴계 이황이 세상을 뜬 일이었다. 당시 서울에 머물고 있던 이황의 제자들은 스승의 비보를 전해 듣고 김성일의 서울 집에 모여 곡을 하며 슬퍼했다. 그에게 있어 퇴계 이황은 학문적 스승이면서 정신적 멘토였다. 그래서 김성일은 애절한 슬픔의 만사輓詞를 지어 스승에게 바쳤다.

우리 유학 하늘이 보호를 하여
빼어난 기운 모아서 참된 유자儒者 내었네.
그 계통은 민락閩洛을 이어 받았고

그 근원은 사수泗洙를 접하였다네.
진퇴에는 시대 의리 크게 걸렸고
헌체에는 조정 계책 얽히었다네.
교화의 비 내리어 동해 적심에
인륜이 그 덕분에 밝아졌다네.

태산 교악 갑작스레 무너졌으매
유림에선 우러를 바 잃어버렸네.
천시가 막히는 데 관계되어서인가
세상 도가 무너질 때 되어서인가.
이 어이 나 혼자만 통곡하리오
끝내는 나라 위한 애통함이 깊네.
낙동강 물 쉬지 않고 흘러가는데
그 원류를 누가 다시 궁구하리오.

스승의 움직임은 의리의 움직임이었고, 스승의 가르침은 인류을 밝히는 일이었다. 그러므로 스승이 떠나신 것은 나만의 슬픔이 아니라 온 나라의 슬픔이라면서 애통해하였다.

1571년 34세 되던 해에는 그동안 어느 누구도 감히 거론하지 못하고 있던 단종의 묘를 능陵으로 격상하고 단종에게 충성을 하다가 죽음을 맞은 사육신의 관작 복구를 청하는 상소를 올린

다. 그런데 당시 이러한 내용의 상소는 상당히 민감하게 비쳐졌
다. 대부분의 사람들이 단종에 대해 안타깝게 여기고 또 사육신
의 충성과 절개를 높이 평가하고 있었지만, 이를 공개적으로 거
론하게 되면 자칫 단종을 물러나게 하고 왕위에 오른 세조의 행
위와 또 세조의 뒤를 이은 왕조의 정통성, 나아가 현 임금의 정통
성에도 흠집을 낼 수 있었기 때문이다. 그럼에도 의리와 명분을
중시했던 김성일은 과감하게 상소를 올렸다.

> 예문관봉교藝文館奉教 춘추관기사관 신臣 김성일은 참으로 황
> 공하게도 머리를 조아려 두 번 절하고 주상 전하께 삼가 말씀
> 올립니다.
> ……
> 신에게 지금 부족하나마 한 가지 견해가 있어 만 번 죽는 형벌
> 도 피하지 않고 전하께 아뢰고자 합니다. 이는 참으로 낮은 직
> 위에 있으면서 중대한 말을 하여 직위에 벗어난 죄를 짓는 일
> 이라는 것을 잘 알고 있습니다. 그러나 만대의 대의大義에 관
> 계되고 국가의 흥망興亡에 관계되는 것이라면, 어찌 한갓 언론
> 의 책임을 맡은 자만이 말할 수 있겠습니까? 말고삐를 잡는 천
> 한 마부나 악기를 다루는 눈먼 소경도 모두 풍자하여 말할 수
> 있는 것입니다. 더구나 신臣은 근시近侍의 자리에서 은혜를 받
> 은 것이 많습니다. 그러니 차라리 할 말을 하고서 형벌을 받아

죽을지언정 어찌 차마 할 말을 하지 않고 전하를 저버릴 수 있 겠습니까?

……

삼가 생각하건대, 세조혜장대왕世祖惠莊大王께서는 뛰어난 무 략武略으로 어지러움을 바로잡는 자질을 가지신 분으로, 노산 군魯山君이 어린 나이로 임금 자리에 있을 때 권신權臣들이 서 로 알력을 행사하여 종묘사직이 위태롭게 되었습니다. 그 당 시 우리 성조聖祖께서 무력으로 평정한 공이 아니었다면 백 년 을 지켜 온 조종祖宗의 왕업이 장차 어떻게 되었겠습니까? 노 산군은 임금 자리를 지켜 나가기 어렵다는 것을 스스로 알고, 또 천명에 순응하여 하루아침에 왕위를 공손하게 물려주는 아 름다움을 이루었습니다.

……

노산군이 비록 나이가 어렸던 탓에 짊어진 짐을 감당하지는 못했으나, 이것은 종묘사직에 죄를 지은 임금과 비교해 볼 때 엄연히 차이가 있습니다. 처음부터 왕위를 물려주고자 했으 며, 또 계속해서 상왕이라는 칭호를 붙여 높였던 것으로 보아 성조께서 종시토록 잘 보전해 주셨다는 것을 알 수 있습니다. 비록 신하들이 화란을 일으키려고 모의한 자취가 있으나, 이 것이 어찌 나이 어린 노산군이 도모했다고 볼 수 있겠습니까? 당시로서는 종묘사직을 위한 큰 계책이 시급했고, 또 신료들이 요청한 바도 있어 마침내 노산군으로 하여금 천수를 누리지 못하게 했으나, 당시 성조께서는 마음속으로 측은하게 여겼을 것입니다. 노산군에게는 제사를 받들 후사後嗣가 없고 또 반장返葬을 하지도 못하여 1백여 년 동안이나 저승으로 가지 못한 채 강가를 떠도는 혼령이 되었으니, 친한 이를 친히 대하는 국가의 의리에 있어서 어찌 몹시도 상심스러운 일이 아니겠습니까.

......

신의 견해로는, 노산군의 왕위를 복위시키지 않으면 노산군의 후사를 이어 줄 수 없다고 생각합니다. 어찌 제가 감히 이렇게 말하겠습니까? 노산군이 왕위에 오르지 않았던 것이나 다름없다고 하지만, 그래도 한 해를 넘겨 왕위에 있었던 임금입니다. 비록 왕위는 잃었으나 상왕의 칭호는 아직도 천자天子의 창고에 그대로 남아 있는데, 신하 된 자가 어찌 감히 그 뒤를 이어서 제사를 지낼 수가 있겠습니까?

......

신이 듣건대, 노산군의 외로운 분묘가 아직도 영월寧越 땅에 있는데, 사람들이 출입하는 것을 금하지도 않고 또 향화香火를 피워 제사를 지내지 않은 탓에 황량한 무덤이 깊은 산속에 버려져 있어 길 가는 사람들이 손으로 가리키며 눈물을 떨군다고 합니다. 그 누가 임금의 한 몸이 살아서는 존귀한 몸이었다가 죽어서는 해골을 의탁할 곳조차 없어 산 구렁에 버려진 채 뭇사람들과 같은 언덕에 묻히게 될 줄 알았겠습니까? 조정에서 인후함으로 왕업을 열어 성자신손聖子神孫이 연이어 공적을 쌓아온 덕분에 대대손손 평안을 누리며 넓고도 큰 은택이 금수禽獸에까지 두루 미치고 있습니다. 그런데 유독 노산군에게만 친한 이를 친히 대하는 어짊이 미치지 않아 원망이 황천에 맺혀 있는데도, 끝내 이를 풀어 주지 않고 있습니다. 이는 하늘의 마음이 기뻐하지 않는 것 가운데 가장 큰 것이고, 온 나라 백성들이 다 함께 원통하게 여기고 있는 것입니다. 삼가 전하께서는 당시 부득이했던 상황(權道)을 체득하시고, 오늘날에 마땅한 의리를 살펴주소서. 그리하여 아래로는 대신들에게 의논하여 전례典禮의 상도常道를 참고하여 결정하고, 위로는 종묘에 고하여 추후에 복위시키는 의식을 거행하소서. 그리고 곧바로 영월 고을을 맡고 있는 수령에게 명하여 남아 있는 분묘를 찾아 예를 갖추어 개장改葬하고, 수호守戶를 두어 나무꾼이나 목동들이 출입하는 것을 금하며, 세시歲時 때 올리는 제사를 한결같이 후릉의 규례에 의거하여 거행하게 하소서. 그렇게 한다면 친한 이를 친히 대하는 어짊이 유명幽明 사이에 감통感通하고, 만대의 대의大義 역시 수립될 수 있을 것입니다. ……

아아, 노산군의 왕위가 복위되고 나면 그 당시 사육신死六臣의 관작 역시 회복할 수 있습니다. 사육신은 성조의 마음을 체득하지 못하고 감히 난역亂逆을 도모하였으니, 참으로 죄가 있습니다. 그러나 걸桀의 개가 요堯임금을 보고 짖은 것은 요임금이 옳지 않아 짖은 것이 아니라 주인이 아닌 까닭에 짖은 것입니다. 그러니 깊이 죄줄 것이 뭐가 있겠습니까? 그러므로 창업수통創業垂統한 임금은 혁명을 일으킨 자들에게는 벌을 엄하게 하고, 충절을 위해 죽은 사람들에게는 상을 내렸습니다.

……

신臣은 직책은 미미하고 말은 천하여 참으로 성상께서 들으시고 믿기에 부족합니다. 비록 그러하지만, 견마犬馬와 같은 하찮은 충성은 참으로 직위의 높고 낮음에 따라 달라지지 않습니다. 삼가 전하께서는 굽어 살펴 주시기 바랍니다. 신은 가슴이 북받쳐 오름을 금치 못하여 삼가 죽음을 무릅쓰고 아룁니다.

결국 김성일이 올린 상소를 계기로 훗날 단종은 왕으로서의 지위가 회복되었고 사육신은 관작을 되돌려 받았다. 그야말로 옳은 일에는 두려움을 마다않고 당당히 맞서는 그의 기질을 잘 보여 주는 사건이라 하겠다. 실제로 금대錦帶 이가환李家煥은 김성일이 작성한 당시의 상소 초안을 읽어 본 후, 다음과 같이 밝혀 두었다.

천만 명의 사람이 말하려 하는 것을 한 사람이 말하는 것을 '공언公言'이라 하고, 천만 명의 사람이 말하려고 해도 되지 않는 것을 한 사람이 말하여 이룬 것을 '감언敢言'이라 한다. 천만 명의 사람이 말하려 해도 능히 말하지 못한 것을 한 사람이 말하게 되었으니, 이 사람은 천만 명 중의 한 사람인 학봉선생이다. 단종이 복위되고 사육신과 금성대군이 잇달아 신원된 것은 모두 학봉선생의 이 소疏가 시초가 되었다.

김성일의 강직함은 임금을 직접 대면했을 때도 예외가 아니었다. 36세 되던 1573년 9월, 김성일은 사간원정언에 임명되었다. 어느 날 경연經筵(왕에게 유학의 經書와 史書를 강론하는 일)에서 선조 임금은 "그대들은 나를 전대의 왕에 비하면 어느 임금과 견주겠는가?"라고 물었다. 한 신하가 "요순 같은 성군이십니다"라고 하면서 눈치를 살피니, 김성일이 "전하께서는 요순 같은 성군도 될 수 있고, 또 걸주桀紂(하나라의 마지막 임금 걸왕과 은나라의 마지막 임금 주왕) 같은 폭군도 될 수 있습니다"라고 답했다. 그러자 선조가 "요순 되기와 걸주 되기가 어찌 그렇게 같단 말인가?"라고 다시 물으니, "전하께서는 천자가 고명하시니 요순 같은 성군이 되시기에 어렵지 않으나, 다만 신하가 바르게 간청하는 말을 거부하시는 폐단이 있으시니, 실로 염려되는 것입니다"라고 하였다.

잠시 침묵이 흐르고, 얼굴빛이 변한 선조는 자리에서 일어섰다가 숨을 한 차례 고르더니 다시 앉았다. 그 자리에 있던 모든 신하들이 고개를 들지 못한 채 겁에 질려 있었다. 이때 서애西厓 류성룡柳成龍이 갑자기 일어나 앞으로 나가더니 "두 사람이 주장하는 말이 모두 옳습니다. 요순에 비하는 것은 임금을 그렇게 인도하고자 하는 말이고, 걸주에 비하는 것은 임금을 경계하는 말이니, 이들 모두 임금을 사랑하는 마음입니다"라고 설명했다. 그제야 선조는 얼굴빛을 고치며 미소를 지었다고 한다.

김성일의 거리낌 없는 직언에 얽힌 일화가 또 있다. 같은 해 11월, 선조가 학문이 높은 가까운 신하를 불러 『서경』을 토론하는 자리를 마련했는데, 율곡 이이와 김성일이 참석하였다. 토론을 마친 후 김성일은 "오늘날 조정의 명령이 중간에 막혀 제대로 실행되지 않고, 고을을 맡은 수령 가운데 나랏일을 소홀히 하는 자가 있으니 염려됩니다. 예로부터 이러고서는 나라를 잘 다스린 일이 드뭅니다. 전하께서 바로 잡지 않으시면 백성들이 어찌 전하를 따르겠습니까?"라고 하면서, 임금의 책임을 추궁했다. 나라를 걱정하는 마음에서 간청하는 충언忠言은 누구나 쉽게 할 수 있지만, 임금의 잘못을 거론하는 일은 그리 흔치 않다. 절대 권력 앞에서는 누구나 무력해지기 때문이다.

당시 김성일의 서슴없는 직언에 선조가 어떤 반응을 보였는지는 기록이 전하지 않는 탓에 짐작할 수 없지만, 이와 유사한 일에 대한 선조의 반응을 적어 둔 기록이 전한다. 즉, 김성일은 왕실이 엄격하게 다스려지지 않는 탓에 왕실 아녀자가 정치에 개입하고, 왕자의 교육이 제대로 이루어지지 않으며, 왕실 토지로 재물을 늘려 백성을 괴롭히는 일 등이 일어났다는 글을 작성하여 올린 적이 있는데, 이에 대해 『선조실록』(25년 10월)에 "김성일이 당시의 폐단에 대해 올린 글 가운데 왕실과 왕자에 관한 논의가 있었는데, 그 말투가 매우 절절하고 격렬하였다. (선조) 임금이 겉으로는 너그러운 태도를 보였으나 속으로는 매우 불쾌하게 여겼다"라고 기록되어 있다.

1576년 39세 되던 해의 봄, 그는 이조좌랑에 임명되었다. 당시의 일화가 전한다. 이조의 아전이 김성일의 관교官敎(임금이 내리는 임명 교지)를 가지고 왔는데, 사일仕日(근무일)과 관급官級을 계산해 보니 아직 달수가 차지 않았다. 이에 김성일이 일깨워 주자, 아전은 "예전부터 내려오던 관행입니다" 하면서 대수롭지 않게 대답했다. 하지만 김성일이 "예전부터 내려오던 규칙이더라도 나는 따르지 않겠다"라고 단호하게 거절하니, 아전이 당황하면서 물러갔다는 이야기이다. 대개 자신에게 유리한 조건이 주어졌을 때 거부하지 않고 그대로 수용하거나 혹은 실리를 얻기 위해 스스로 규정을 어기는 경우도 적지 않은데, 몸소 잘못된 점을 지적하여 거절하기란 그리 쉽지 않다. 이처럼 김성일의 강단 있는 성품은 타인에게만이 아니라 스스로에게도 적용되었던 것이다.

그해 가을에는 사가독서賜暇讀書로 호당湖堂에 들어갔다. 사

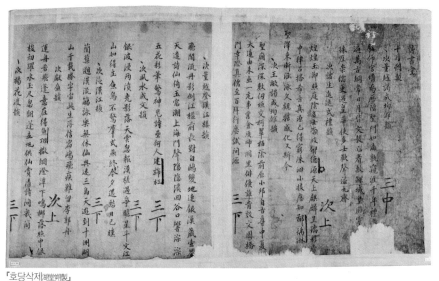

『호당삭제(湖堂朔製)』
1576년 학봉 김성일이 호당에서 사가독서를 하면서 지은 시문 등을 엮어 놓은 첩(帖)이다.

가독서란 문관 관료에게 자기계발을 하도록 독서 휴가를 주는 제도로, 이른바 재충전의 기간이다. 사가독서는 스승 퇴계 이황도 행한 적이 있기에 김성일에게는 더욱 뜻깊은 일이었다. 그래서 그는 "독서당을 만든 까닭은 인재를 기르려고 한 것이다. 퇴계선생께서 독서당에 계실 적에는 문을 닫고 홀로 앉아서 글을 읽으셨다. 그런데 하물며 나 같은 후학이 힘쓰지 않아서야 되겠는가?"라고 하면서 매일 글을 읽으면서 보냈다.

이듬해 1577년 40세 되던 해 1월에는 선조의 특명을 받아 사은사謝恩使 서장관書狀官(사신 가운데 기록을 담당하던 임시 벼슬)의 신분으로 명나라를 다녀온 후, 1578년 봄에 휴가를 신청하여 안동의 내앞 본가로 돌아왔다. 하지만 7월 무렵 홍문관교리에 임명되어 다시 서울로 향했다. 그런데 당시 조정에는 뇌물수수가 횡행하고 있다는 소문이 자자했다. 사실 이런 관행은 흔히 있는 일이라서 어느 누구도 문제 삼으려 하지 않았다. 그러나 김성일은 달랐다. 임금과 왕실의 실책에 대해서도 서릿발 같은 비판을 서슴지 않았던 그였던 만큼 신하들의 잘못에 대해서는 더할 나위가 없었다. 그래서 경연 자리에서 "조정 중신이 뇌물을 받았다는 소문이 궐내에 퍼져 있고, 지금 뇌물을 받는 풍습이 조정에 만연해 있다"라고 호소하는가 하면, "와서제조瓦署提調(기와를 제조하는 감독기관)가 사사로이 기와를 팔아 이득을 챙겼다"라고 하니, 선조는 "도대체 어떤 자들이 그런가?" 하고 되물었다. 김성일은 흐트러짐 없는 꼿꼿한 자세로 이름을 차례로 거론했다. 좌우에 엎드리고 있던 신하들이 고개를 숙인 채 떨고 있었으나, 김성일은 얼굴빛 하나 변하지 않고 태연하였다. 당시 이름이 거론된 신하들은 모두 좌천되었다. 이런 사건이 있은 후부터 관리들은 김성일의 존재 자체를 두려워했다. 특히 명절만 되면 지방의 관리들이 특산물을 수레에 가득 싣고 성안으로 들어와 뇌물을 바치곤 했는데, 행여 김성일에게 들킬지도 모른다는 두려움에 전전긍긍했다

고 한다. 그야말로 궐내의 부정을 감시하고 척결하는 '대궐 안의
호랑이' 다운 모습이 아닐 수 없다.

특명을 받들고 명나라로 향하다

1577년 1월, 김성일은 선조의 특명을 받고 사은사 서장관의 신분으로 명나라로 향한다. 그런데 아버지 김진이 이미 팔십을 바라보고 있는지라 임금에게 소疏를 올려 사면을 얻고자 했다. 일단 고향에 계신 아버지께 편지를 드려 사정을 여쭈니 "내 비록 늙었으나 아직 건강하고 너를 이미 나라에 맡겼으니, 아무 염려 말고 왕명에 따라 다녀오라"는 답장이 왔다.

사실 이번 사행은 사은謝恩의 목적 외에도 중대 사안이 있었다. 중국의 『대명회전大明會典』(명나라의 행정법전)에 태조 이성계가 이인임李仁任의 아들이라고 잘못 기록되어 있는 것을 바로잡기 위한 종계변무宗系辨誣를 겸하는 일이었다. 각 가문마다 혈통적

벼루
1577년 학봉 김성일이 사은사 서장관으로 명나라에 갔을 때 구입한 벼루이다.

계보를 나타내는 가계家系가 있듯이 왕실 계보인 종계宗系는 국가
(왕실)의 정통성 및 합법성과 다름없는 것이었다. 더구나 『대명회
전』에는 "이인임의 아들인 이성계는 모두 4명의 고려왕을 죽이
고 나라를 얻었다"라고 기록되어 있었다. 사정이 이러하다 보니
종계변무야말로 조선 전기 대명관계에서 가장 핵심적이 사안으
로 떠올랐던 것이다.

　　조정에서는 1394년 태조 3년에 『대명회전』에 조선의 종계가
잘못 기록되어 있다는 사실을 처음으로 알게 된다. 사실 이인임
은 우왕 때 이성계의 정적政敵이기도 했는데, 그런 그를 이성계의

아버지라 한 것은 도저히 용납할 수 없는 모욕이었다. 그래서 이 사건은 두 나라 사이에 심각한 외교 문제가 되었으며, 태조 시절부터 수차례 사신을 보내 개정 요청을 했지만 명나라에서는 명 태조의 유훈이 『대명회전』에 기록되어 있는 까닭에 정정이 곤란하다는 입장을 고수해 왔다. 이후 1518년 중종 13년에 중국에서 돌아온 주청사 이계맹이 『대명회전』의 기록 오류가 아직 정정되지 않았다는 사실을 보고했고, 이에 남곤 등이 주청사奏請使(외교적 주요 사안의 요청업무를 담당한 사신)로 건너가서 거듭 개정을 요청했지만 뜻을 이루지 못했다. 그런 뒤 인종과 명종 때에도 끊임없이 정정 요청을 했으나 별다른 반응이 없었다. 선조 역시 1573년에 주청사를 파견하여 개정을 요청한 이래 2~3년마다 사신을 보내 개정 사실을 확인하는 노력을 기울여 왔다. 따라서 김성일의 임무 역시 이런 연장선상에서 이루어진 것이다.

매서운 바람이 불어 닥치는 2월 1일, 김성일은 길을 떠날 채비를 하고 조정으로 들어가 선조 임금께 인사를 고했다. 북경으로 가는 길목인 임진臨津에 이르러서는 근처에 살고 있는 율곡 이이를 찾아뵙는 일도 빠뜨리지 않았다. 마침내 2월 22일, 사신 일행은 압록강을 건너 요동에 도착했다. 이곳저곳을 배회하던 중 우연히 정학서원正學書院이라는 곳을 탐방하게 된다. 김성일이 서원 안으로 들어가니 학생 2~3명이 글을 읽고 있었다. 한쪽 벽면에 써 붙인 '으뜸'이라는 뜻의 '괴魁'라는 글자가 그의 눈에 들어

왔다. 어사御史 이보李輔의 글씨였다. 김성일이 글자를 벽에 걸어 놓은 까닭을 물으니 안내인이 "학생들이 글공부를 열심히 해서 과거에 장원급제하라는 뜻입니다"라고 답했다. 그러자 김성일은 "선비의 원대한 꿈이 여기서 그치고 말 것인가?"라고 하면서 아 쉬움을 드러냈다는 일화가 전한다. 씁쓸한 표정을 지으면서 서 원을 나온 그의 뇌리에는 진사시에 합격하고 대과 준비를 할 때 벼슬살이를 위한 공부에 회의가 생기면서 깊은 갈등에 빠졌던 자 신의 젊은 시절이 주마등처럼 스치고 지나갔을 것이다.

긴 여정 끝에 사신 일행은 4월 3일이 되어 비로소 북경에 도 착했다. 4월 7일 오전에 황제를 배알하고 곧바로 예부禮部로 향했 다. 『대명회전』의 개정 여부를 확인하기 위함이었다. 김성일은 당시의 상황을 『조천일기朝天日記』에 상세히 밝혀 두었다.

오후에 예부로 가서 당堂에 참배를 하고 주객사主客司와 의제 사儀制司에 가서 예를 행하였다. 그런 다음 홍수언을 시켜 담 당 관리에게 실록의 완성 여부를 물으니 이미 수정 작업을 끝 냈다고 했다. 낭중郎中 심현화가 변무辨誣에 관한 자문내용을 미리 훑어보고 해당 관리를 시켜 등록謄錄을 가져 오도록 했는 데, 1522년(중종 17)과 1524년(중종 19)에 올린 주본奏本이었다. 예부의 관리가 "올릴 자문의 초안은 내가 작성하겠다. 당堂에 올린 후에는 내가 임의로 볼 수 없다. 만약 다른 초고가 있으면

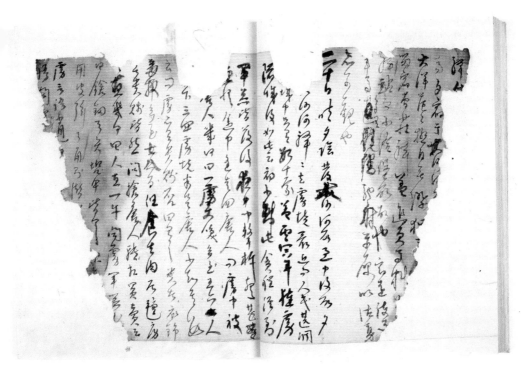

『조천일기朝天日記』

1577년 학봉 김성일이 사은사 서장관으로 북경에 갔을 때 작성한 사행기록이다. 2월 20일 압록강을 건너는 것을 시작으로 하여 6월 4일 산해관까지의 여정이 기록되어 있다.

속히 가지고 오라"고 하기에 우리들이 작성한 초고를 보내 주었다.

일행은 이튿날에도 예부 관리를 만나 "온 나라의 임금과 신하가 『대명회전』이 찬수되기를 기다린 지 오래되었습니다. 과연 그대들의 말처럼 이번에 찬수하는 것이 사실이라면 비록 저희들이 오랫동안 관소에 머무는 일이 있더라도, 『대명회전』에 수록될 수정 내용을 가지고 돌아가 국왕께 보고할 수 있도록 해 주시기 바랍니다"라고 요청하였다. 『조천일기』를 보면 이들 일행은 4월 7일에 최초로 예부를 방문하여 5월 23일까지 거의 매일을 드나들면서 개정 요구를 한 것으로 되어 있다. 그리고 결국에는 "지금 『대명회전』을 찬수함에 있어 그대 나라의 변무辨誣하는 사정은 이미 명백히 기록해 두었으니 그대들은 마음 놓고 돌아가라"라는 답변을 듣고 걸음을 돌린다. 이후 1584년 황정욱이 『대명회

『향교예집鄕校禮輯』
1577년 학봉 김성일이 사은사 서장관으로 명나라에 갔을 때 갖고 온 책이다. 명나라 도희영屠羲英이 편집한 것으로, 총 11권 6책으로 구성되어 있다.

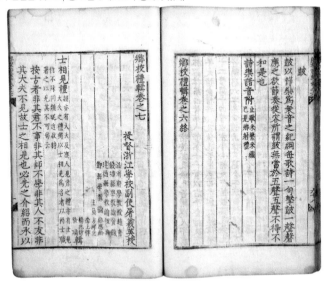

전』의 수정된 조선 관계 기록의 등본을 가지고 돌아옴으로써 종계변무는 일단락되었다. 그런 다음 1587년에는 유홍이 중수된 『대명회전』 가운데 조선과 관련된 내용이 실린 부분을 받아와서 선조가 몸소 종묘에 친고親告했으며, 1589년 윤근수가 『대명회전』 전질을 받아옴으로써 종계변무를 둘러싼 문제가 완전히 해결되었다.

김성일은 중국에 머무는 동안 틈이 날 때마다 중국 문물을

『동자례童子禮』

1577년 학봉 김성일이 사은사 서장관으로 명나라에 갔을 때 갖고 온 『향교예집』에서 어린아이에 관한 예절 항목만을 추려서 편집한 예절서이다.

견학하는 시간을 가졌다. 참고로 내앞마을에 위치한 청계종택은 1587년에 발생한 화재로 인해 소실되는 아픔을 겪었다. 종택은 이듬해 1588년 김성일의 주도 아래 재건되었는데, 당시 그는 중국 견학에서 눈여겨봐 두었던 중국 재상의 가옥을 모방하여 종택을 설계하였다. 또 귀국할 때 중국 예서인 『향교예집』한 질을 구해 왔는데, 이 중에서 어린아이들에 관한 예절 항목을 정리해 조카인 운천雲川 김용金涌에게 베껴 쓰도록 한 다음 『동자례童子禮』라는 책으로 엮기도 했다.

일행은 7월 초 서울에 도착했다. 김성일은 곧바로 휴가를 신청해 내앞 본가로 돌아와 아버지를 찾아뵙고 한가로운 시간을 보낸다. 그리고 겨울 무렵 이조정랑에 임명되어 조정으로 돌아오고, 이듬해 1578년 7월 홍문관교리가 되었으며, 1579년 9월에는 함경도순무어사에 임명되었다.

애민정신으로 백성들의 삶을 보듬다

　　김성일은 1568년 벼슬길에 들어선 이래 1593년 진주성에서 숨을 거둘 때까지 25년간 관직생활을 했다. 그러는 가운데 모두 세 차례에 걸쳐 지방으로 나가 백성들의 삶을 살펴볼 기회를 가졌다. 1579년 42세 되던 해에는 함경도순무어사의 신분으로 변방의 방비태세를 점검하고 백성들의 실정을 살피게 된다. 당시 그가 부임해 온다는 소식을 전해들은 수령 중에는 혼비백산이 되어 달아나는 사람들이 많았다. 그도 그럴 것이, 임금과 왕실의 잘못에 대해 서릿발 같은 비판을 서슴지 않았던 '대궐 안의 호랑이'가 온다고 하니 행여 자신의 비리가 발각될까 두려웠던 것이다.

　　당시 그의 행적이 『북정일록北征日錄』에 상세히 실려 있다.

김성일은 9월 21일에 대궐로 가서 임금께 하직 인사를 드리고는 동대문을 빠져 나와 벗들이 마련한 전송 술자리에 잠시 들러 작별인사를 나누었다. 그리고 늦은 저녁 경기도 양주에 도착하여 여정을 풀었다. 9월 25일에는 함경도 홍원에 도착했는데, 이곳에서 그는 잠시 옛 추억에 잠긴다. 지금으로부터 20여 년 전 17세 되던 해인 1554년, 맏형 김극일이 홍원현감으로 재직하고 있을

『북정일록北征日錄』
1579년 학봉 김성일이 함경도순무어사로 있을 때 변방을 돌면서 기록해 둔 일기이다.

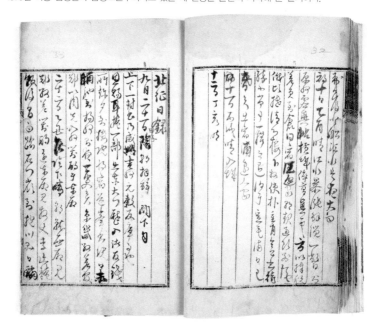

때 형제들과 함께 이곳에 와서 글공부를 한 적이 있기 때문이다. 20년이 지난 지금, 어사의 신분으로 다시 이곳을 찾으니 그야말로 이를 두고 격세지감隔世之感이라고 하는가! 하면서 주변을 둘러본다.

김성일은 임기 내에 황초령, 삼수, 길주, 명천, 경원, 종성, 온성을 비롯해 아오지까지 북상하여 민정을 두루 살피며 다녔다. 주로 군기軍器와 군대 병영의 실상 등을 점검했으며, 병사들에게 직접 활쏘기를 시켜 우수한 이들에게는 상을 내리기도 했다. 또 비리가 있다는 정보를 들으면 부정 관리를 색출하여 즉각 벌을 내리는 등의 임무도 수행하였다. 그래서 백성들은 그가 가는 곳마다 무리를 지어 "어사님은 우리 부모이시다" 하면서 감격했다고 한다. 김성일은 이때 느낀 자신의 심경을 한 편의 시로 남겼다.

적병행籍兵行

조정에서 난리 전에 미리 대비하느라고
어사들이 동쪽 남쪽 사방으로 가는구나.
왕신이 호령함엔 위엄을 세움이 중하거니
중임 맡아 어느 틈에 백성의 참상 슬퍼하랴.
먼저 매를 들고서 여러 고을을 둘러보니

각 고을들 덜덜 떨며 풍문 듣고 놀라서는
병자나 머슴을 동원하여 급급함을 메우고
어린애조차 선발하여 명단을 채운 탓에
삼 년 동안 분주하게 병적을 작성했건만
개와 닭도 사이에 낀 헛장부가 되었네.
군사명단 중에 태반은 이름만이 있는 자라
병영에는 파리한 군사들만 남았는데
이들마저 관리의 탐욕과 횡포에 시달려
창을 부여잡고 궁리해도 살아갈 길 없는 탓에
잇달아 도망침에 마을마다 텅텅 비어
밭은 잡초가 뒤덮인 채 경작하는 사람 없네.
군문에선 정한 숫자 채우라고 채근하며
매일같이 문서 보내 교체병을 재촉하네.
한 장정이 도망가면 구족이 모두 시달려
궁벽진 시골마다 원통하다 울부짖네.
외적이 오기 전에 나라 근본 기울어져
천리토록 어수선해 병화를 겪은 것만 같네.
내 듣건대 맹자가 제량에서 유세할 때
다스림은 백성을 채근하여 모으는 데 있지 않고
부역 조세 가벼이 해 백성을 부유하게 한 뒤
효제충신을 내세워 백성들 마음 닦게 하면

임금 어른 잘 섬겨 나라 힘이 절로 강해져
강대국도 채찍으로 매질할 수 있다 했네.
그런데 왜 고을마다 군사들을 모집하여
부질없이 백성들을 지치게 한단 말인가.

　무거운 부역과 세금을 감당하지 못해 도망치는 백성들이 늘
어나는 탓에 잡초만 무성해진 논밭들이 허다하고, 벼슬아치들은
병적兵籍을 채우기 위해 병든 사람, 머슴, 어린아이들의 이름까지
올리는가 하면, 심지어 개나 닭 등의 가축까지도 기록되어 있다
는 내용이다. 이런 이유로 병적에 오른 병사의 절반은 이름만 있
을 뿐 실제의 사람은 없는 허수虛數에 불과한데, 그럼에도 조정에
서는 정해진 병사 숫자를 채우라고 재촉하는 상황이다. 그러다
보니 만약 병사가 달아날 경우에는 가족과 친척들에게 책임을 떠
넘기는 바람에 마을에는 아우성치며 원망하는 소리만 가득하다.
이처럼 김성일은 지나치게 무거운 부역과 세금으로 인해 백성들
이 고통을 받고 있기에 부역과 조세를 줄여 백성들을 부유하게
하는 것이 최우선이라고 생각했다. 그런 다음 효제충신의 도리
를 익히게 한다면 나라의 힘이 저절로 강해져 비록 강대국일지라
도 당당하게 맞설 수 있다고 하였다.
　1583년 46세 되던 해 3월에는 황해도순무어사의 신분으로
해주를 비롯하여 여러 고을을 순찰하면서 관리들의 행태와 민정

을 살폈다. 순찰 기간은 5개월이었다. 김성일은 해이해진 군사 행정과 무거운 부역으로 시름에 빠진 백성들의 힘든 사정을 확인하고 장계狀啓(지방파견관원이 국왕에게 보고하는 글)와 소疏를 올리는가 하면, 백성들의 삶을 궁핍하게 만드는 탐관오리를 적발하는 등 백성들을 다독이고 위로하였다. 이 시절에 얽힌 일화가 전한다. 1592년 임진왜란이 일어났을 때 해주 관아 부용당 벽에 걸린 현판이 전란의 소용돌이 속에서 모두 사라졌는데, 김성일이 지은 시판詩板은 비단보자기에 쌓여 무사히 보관되어 있었다고 한다. 해주 사람들에게 어사 김성일이 어떻게 기억되고 있는지를 잘 보여 주는 대목이다.

1588년 51세 되던 해 겨울에는 경기도 추쇄경차관에 임명되어 백성들의 실정을 낱낱이 살폈다. 당시 조정에서는 남쪽 경상도, 전라도, 충청도의 백성들을 북쪽 빈 땅으로 이주시켜 살도록 했는데, 이때 견디지 못하고 도망가는 사람들이 많았다. 그런데 한 사람이 달아나면 그 일족과 이웃 사람까지 연좌로 처벌하는 탓에 민심이 들끓었다. 이처럼 어수선한 민심을 바로잡는 것이 그에게 주어진 임무였다. 그리하여 김성일은 지금까지의 폐단을 과감히 시정하고 또 아전들의 부정을 바로 잡으면서 백성들의 마음을 다독이고 민심을 가라앉혔다.

청성산 기슭에 정사精舍를 세우다

　　김성일은 1568년 진사시에 합격한 뒤 대과시험을 앞두고 송
암松巖 권호문權好文(1532~1587)과 함께 글공부를 하기 위해 안동
풍산에 위치한 청성산에 올랐다. 사실 권호문은 이미 1566년에
연어헌鳶魚軒이라는 정자를 청성산에 세우고는 그곳에서 지내고
있었다. 이에 김성일은 권호문을 찾아가서 "올해 과거에 급제하
지 못하면 함께 청성산의 주인이나 되자"라고 다짐한다. 그해 김
성일은 문과급제를 하고 권호문은 청성산에 은거하였다.

　　1586년 49세 되던 해의 12월, 나주목사에서 해임되어 고향
으로 돌아온 김성일은 권호문에게 한 통의 편지를 보낸다.

석문정사石門精舍
1587년 학봉 김성일이 송암 권호문으로부터 양도받은 터에 건립한 정사이다.

그대와 이별한 뒤 봄기운이 일더니 지난해 함께했던 청성산의 유람이 이미 묵은 자취가 되었네. 먼지 속으로 얼굴을 돌려 바라보니 그리운 마음 감당할 수 없네. 요즈음 그대의 근황은 나날이 좋은 것으로 생각되는바, 낭패를 당함이 이 지경까지 이른 나에 대해서야 무슨 말을 하겠는가? 늦은 봄에 돌아가려고 하는데 성산의 한쪽 구석을 나에게 떼어 줄 수 있겠는가? 꽃이 피고 낙엽 지는 것이 그대의 달력이므로 인간 세상의 달력을 어디에 쓰겠는가마는, 오는 길에 부탁을 받았기에 달력 한 부를 보내네. 이만 줄이네.

젊은 시절 두 사람이 의기투합하여 약속했듯이 권호문은 흔쾌히 청성산의 절반을 잘라 김성일에게 주었다. 그래서 이듬해 1587년 50세 되던 해 3월, 김성일은 권호문이 거처하는 연어헌 위쪽 가파른 절벽 위에 석문정사石門精舍를 세울 터를 정하고 착공에 들어간다. 석문이라고 이름 붙인 까닭은 정사 서쪽에 바위 두 개가 서로 마주 보며 서 있는데, 골짜기가 횡하니 뚫려 마치 모양새가 문과 같았기 때문이다.

사실 당시 김성일의 심경은 매우 복잡했다. 나주목사 재임 시절에 어처구니없는 일로 해임되었기 때문이다. 즉, 사직단의 재실齋室이 불에 타 버렸다는 책임을 그에게 떠넘겨 파직을 당했던 것이다. 그래서 고향으로 돌아와 주왕산과 고산정 등을 유람

석문바위

두 개의 바위가 서로 마주 보고 서 있는 모양이 마치 문과 같다고 해서 '석문石門'이라 이름 짓고
는, 한쪽 바위에 '石門'이라는 글씨를 새겨 두었다.

하면서 마음을 달래고 있던 중 권호문이 선뜻 청성산 한 자락을 내주자 석문정사의 건립을 결심하고 착공에 들어갔다. 그런데 공사가 한창 진행 중인 7월 무렵, 권호문이 세상을 떠나는 슬픔을 겪기도 했다. 마침내 8월 석문정사가 완공되었다. 그러나 함께 기뻐해 줄 벗이 곁에 없는지라 그리움을 담은 시 한편을 남긴다.

> 내가 이미 늙고 송암 이미 죽었으니
> 두 늙은이 함께 술잔 기울일 길이 없네.
> 산양의 옛날 노닐던 곳 머리 돌려 바라보니
> 들판에서 젓대 불며 홀로 대臺에 오르네.

김성일은 석문정사 방안에 책을 가득 쌓아 두고 깊은 사색에 잠기면서 마음을 달랬다. 그러고는 "내가 원래 바라던 바가 이것이다"라고 나지막이 혼자 중얼거렸다. 아마도 이는 20년 전 진사시에 합격하고 대과를 위해 성균관에 들어갔지만 자신이 원하는 학문을 할 수 없다는 회의를 느껴 스승 퇴계 이황에게 편지를 드려 자문을 구했더니 "부형이 계시는데 어찌 뜻대로 하겠는가?"라는 답장이 오는 바람에 원치 않은 벼슬길에 올랐지만, 이제야 자신이 원하는 삶을 비로소 살게 되었다는 안도의 속삭임이었을 것이다.

그렇게 가을을 보내고 겨울을 맞았다. 그런데 얼마 지나지 않아 내앞 본가에 불이 났다는 소식을 전해 들었다. 서둘러 길을 떠나 본가에 도착해 보니, 그야말로 처참한 광경이었다. 이에 김성일은 문중의 뜻을 모아 쌀과 포목을 거둔 다음 보수공사에 착수하여 이듬해 완공하였다. 이 모든 것이 그의 주관 아래 이루어졌다.

그런데 오십 평생 마음에 담아 두었던 이상적 삶을 펼치는가 싶더니, 이듬해 1588년 51세 되던 해 6월, 종부시첨정에 임명되어 다시 서울로 향한다. 이때 그는 류성룡의 증별시贈別詩에 "하늘 살짝 흐려도 오히려 아득한데, 문 앞에는 아직도 천 갈래 길이 있네"라고 화답한다. '문 앞에 천 갈래 길이 있다'는 것은 벼슬길에서 물러나도 근심하고, 나아가도 근심을 하게 된다는 자신의 심경과도 같았다.

이처럼 김성일은 비록 조정의 부름을 받고 벼슬길에 올랐지만, 늘 마음 한 켠에는 석문정사가 자리하고 있었다. 그래서인지 1590년 53세 되던 해 3월에 조선통신부사로 일본에 가던 중 다시 이곳을 찾는다. 이때 제자 황여일黃汝一이 찾아오니 시 한수를 읊으면서 아쉬움을 달랜다.

석문정사에 제題하다

석문에 내가 지은 정사 있는데

집 지은 뒤 봄이 몇 번 흘렀던가.
거기서 하루도 못 머물러 보고
문득 창해 나루 찾아가게 되었네.
이번 길에 산 밑으로 내 지나옴에
원숭이와 학이 모두 화를 내는구나.
북산이문 같은 거야 비록 없지만
주언륜과 같이 된 게 내 부끄럽네.
나랏일이 중한 것만 생각하노니
내 어찌 잠시나마 머뭇거리랴.
내 마땅히 충성과 믿음에 의탁하여
한번 가서 양국 우호 이룩하리라.
세 변경에 딱딱이의 소리 끊기고
임금 은택 백성에게 흡족케 하리.
그런 다음 고향에 돌아와서는
길이길이 산속 사는 사람 되련다.

　벼슬길을 마다하고 석문정사에 머물며 제자들을 가르치면서 조용히 지내고자 했으나, 나라와 백성을 위해 주저함 없이 길을 떠나겠다고 다짐한다. 아울러 임무를 완수하고 반드시 돌아와서 고요한 산속에 묻혀 사는 오랜 꿈을 이루겠노라고 마음속으로 되뇐다.

뱃길을 가르며 일본으로 건너가다

    1590년 3월 5일, 김성일은 부사副使의 자격으로 일본으로 가기 위해 상사上使 황윤길黃允吉과 서장관書狀官 허성許筬 등과 함께 임금에게 하직 인사를 드리고 서울을 출발했다. 3월 16일에는 안동 본가에 들렀다. 왕명에 의해 가묘 배알과 성묘가 허락되었기 때문이다. 19일에 청성산의 석문정사를 둘러보고, 21일에 내앞 본가로 돌아와서 가묘를 배알하고 묘소를 찾았다. 그리고 23일 본가를 뒤로 한 채 긴 여정에 올랐다. 4월 3일 부산 동래에 도착하니 바람이 거세게 불어 멈추기를 기다리다가 27일 무렵에야 겨우 배에 올랐다. 뱃길을 가르며 일본으로 향했으나 다시 거센 바람이 부는 탓에 돛대가 부러지는 등 날씨가 고르지 않아 다대포로 되돌아왔다. 그러다가 5월 1일 다대포를 떠난 지 사흘 만인 5월 4일 대마도에 도착하였다. 참으로 험난한 여정이었다.

출발할 때의 불길했던 예감 때문인지 대마도에 도착하면서부터 문제가 발생했다. 조선에서는 일본으로부터 사신이 올 때마다 영접을 담당하는 선위사宣慰使를 임명하여 부산까지 일부러 마중 가는 정중한 예禮를 베풀었는데, 대마도에 도착한 통신사 일행은 영접을 받지 못한 것이다. 김성일은 소홀한 접대에 내심 불쾌하였다. 함께 간 황윤길이 선위사를 기다리지 말고 일본 본토로 출발하자고 했다. 하지만 김성일은 "우리 조정에서는 범상한 왜인의 왕래에도 접대가 있었는데, 하물며 우리 통신사 행차에 영접이 없겠습니까? 듣건대, 저들도 관원을 일부러 선발하여 보내는 탓에 길이 막혀 제때에 오지 못한다고 합니다. 만약 기다리지 않고 가 버린다면 앞으로 저들이 선위사가 있고 없고를 관계하지 않을 것이니, 이것을 빌미로 전례로 삼을지 어찌 알겠습니까?"라며 반대했다.

결국 선위사는 오지 않았다. 사실 올 까닭이 없었다. 대마도주 소 요시토시(宗義智)가 도요토미 히데요시(豊臣秀吉)에게 조선이 신하로서의 예를 취하러 사신을 보내온다는 거짓말을 했기 때문이다. 이런 상황에서 일본은 군이 영접의 절차를 취할 필요가 없다고 생각했던 것이다. 그러나 김성일의 강경한 태도에 당황한 대마도주는 고니시 유키나가(小西行長)를 거짓 선위사로 내세워 대마도 근처의 이키 섬(壹岐島)까지 오도록 했다. 통신사 일행 가운데 어느 누구도 이런 사실을 알아차리지 못했다.

갖은 우여곡절 끝에 이키 섬에 도착한 통신사 일행은 간단한 술자리를 가진 후 고쿠분지(國分寺)를 유람하고 연회에 참석했다. 그런데 여기서 또 문제가 발생했다. 대마도주 요시토시가 가마를 탄 채 대문 안으로 들어와 당상堂上에 오르는 무례를 범했던 것이다. 『예기』에 따르면 손님의 수레는 대문을 통과할 수 없고, 비록 군주라 할지라도 마을 입구에 도착하면 수레에서 내리는 것이 예라고 하였다. 당연히 김성일은 격분했다. 그래서 황윤길에게 함께 자리를 뜨자고 하니, 황윤길은 듣지 않았고 허성만이 뒤를 따랐다. 그러다가 잠시 후 요시토시가 가마꾼의 목을 베어 사죄를 하면서 마무리되었다.

또 이런 일도 있었다. 6월 16일 무렵, 통신사 일행은 인조지(引接寺)라는 사찰에서 여정을 풀었다. 7월 무렵 예단이 도착했는데, 겉봉에 '조선국사신내조朝鮮國使臣來朝'라고 적혀 있었다. 그런데 '내조來朝'라는 용어는 '조공을 바치러 온다'는 뜻으로, 조선을 폄하하려는 의도가 반영되어 있었던 것이다. 이에 김성일은 '내조來朝'라는 문구를 용인할 수 없다면서 돌려주려고 했지만, 이미 하인들에게 예단을 나누어 준 뒤였다. 그러자 김성일은 황윤길과 허성에게 "나라를 욕되게 함이 이리 심하니 장차 어찌 하겠소!" 하니, 두 사람은 "원래 오랑캐는 무지해서 그런 것이니

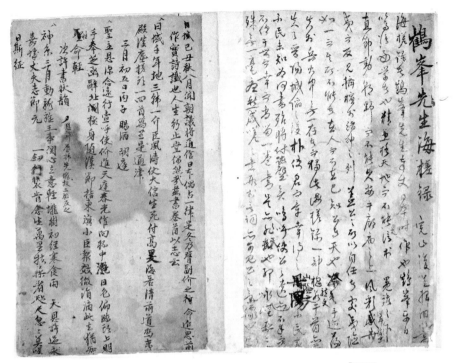

1590년 학봉 김성일이 통신사로 일본에 갔다가 이듬해 2월 귀국할 때까지의 일정 및 자필시문을 엮어 놓은 책이다.

군이 되돌려 줄 필요까지 있겠소" 하면서 만류했다. 그러나 이대로 물러 설 그가 아니었다. "나라를 욕되게 하는 예단을 받는다는 것은 그 수치심이 마치 발로 차서 주는 음식을 받아먹는 것 이상이오. 저들이 보내온 예물은 모두 시장에서 구입할 수 있는 것이므로 지금 그 수량대로 사서 돌려주면서 '네 주인이 말을 잘못하여 돌려주니 주인에게 돌아가서 그대로 전하라!' 고 하면 욕됨을 씻을 수 있을 것이오" 하면서 맞섰다. 결국 왜인이 다시 와서

"남을 시켜서 글을 쓰다 보니 한문을 잘 몰라 실수를 한 것인데, 주인은 전혀 모르고 있는 일입니다. 다시 고쳐 써서 바칠 테니 부디 노여움을 거두어 주시기 바랍니다"라고 사죄함으로써 일단락되었다.

통신사 일행의 주된 임무는 도요토미 히데요시에게 국서國書를 전달하는 일이었다. 그러나 어떤 이유에서인지 히데요시가 자꾸 연기를 하는 탓에 마냥 기다리게 되었다. 그러던 중 7월이 되어 통신사 일행은 교토에 도착하였다. 하지만 9월이 지나고 10월이 되었지만 히데요시로부터 연락이 오지 않았다. 신축 중인 궁전이 완공되지 않았다는 이유였다. 그러다가 11월 7일이 되어서야 히데요시에게 국서를 전할 수 있었다. 이때 일행은 복장 문제로 의견대립을 하게 된다. 당시 황윤길과 허성은 편복便服 차림이었는데, 김성일은 왕명을 받드는 통신사의 신분이므로 예복禮服을 입어야 한다고 주장했다. 결국 그의 주장이 받아들여지지 않자 홀로 금관조복金冠朝服을 입었다. 김성일은 자신이 조복을 입는 것은 일본을 높여 주기 위함이 아니라 조선의 왕명을 공경하는 것인 만큼 이에 합당한 예를 갖추어야 한다고 생각했던 것이다.

또한 히데요시에게 배례拜禮를 하는 방식에서도 문제가 생겼다. 허성은 뜰아래에서 절을 하는 정하배庭下拜를 행해야 한다고 했지만, 김성일은 마루에 올라 절을 하는 영외배楹外拜를 주장했던 것이다. 정하배는 신하가 왕에게 절을 하는 예법이며, 영외배는 동등한 신분일 때 행하는 예법이다. 허성은 일본의 집권자에게 사신이 영외배를 행하는 것에는 문제가 있다는 선례를 참작하여 정하배를 주장했고, 김성일은 일본에서는 관직이 없는 사람은 정하배를 하고 관직이 있는 사람은 영외배를 행한다는 점과 일본의 대신들이나 류큐(琉球) 사신들 역시 간파쿠(關白: 막부 최고 권력자)에게 영외배를 행한다는 점 등을 내세웠다. 결국 김성일의 주장대로 영외배를 행하였다.

　　통신사 일행은 히데요시에게 국서를 전달하고 숙소인 인조지(引接寺)에서 답서가 도착하기를 기다렸다. 히데요시는 나흘이 지나서야 사람을 보내와서 백 리 밖에 떨어진 포구에서 기다리고 있으면 답서를 전해주겠다는 무례함을 저지른다. 당연히 김성일은 반대했지만 두 사람이 이미 출발했기에 하는 수없이 뒤따랐다. 그런데 히데요시가 보낸 답서에는 조선 국왕에 대한 칭호가 '전하殿下'가 아닌 '합하閤下'라고 되어 있었고 '예폐禮幣'를 '방물方物'이라 하는 등 무례한 표현들이 있었다. 게다가 "우리는 명나라를 칠 것이다. 조선이 선봉이 되어 달라"는 내용도 들어 있었다. 김성일은 그 자리에서 분개하면서 대마도 승려 겐소에게 내용을 고치지 않으면 죽음을 불사하더라도 절대 조선으로 돌아가지 않겠다는 글을 보냈다. 결국 '합하'는 '전하'로, '방물'은 '예폐'로 수정되었는데, "우리는 명나라를 칠 것이다. 조선이 선

봉이 되어 달라"는 내용은 "명나라에 조공하러 간다"는 뜻이라
면서 수정을 거부했다. 김성일은 계속해서 수정을 요구했지만,
나머지 두 사람이 오래 버틸 필요가 없다고 하여 그대로 조선으
로 돌아올 수밖에 없었다. 그리하여 통신사 일행은 12월 11일에
배를 띄워 1월 10일 대마도에 도착했고, 2월 초 무렵이 되어서야
부산에 닿았다.

통신사 일행이 일본에 머물렀던 기간은 약 9개월이다. 그 기
간 동안 일본의 무례한 행동에 강경하게 맞섰던 김성일의 처신에
황윤길은 "일본은 오랑캐이므로 그들과 사소한 예를 두고 마찰
을 하게 되면 얻는 것은 작고 잃는 것은 클 것이다"라고 하면서
못마땅하게 여겼고, 허성 역시 김성일의 태도에 불만을 가졌다.
하지만 김성일은 조금도 자신의 뜻을 굽히지 않았다.

> 예의야 오랑캐와 중국이 어찌 다르리오
> 있으면 중국이고 없으면 오랑캐네.
> 생사 때문에 나의 절개 바꾸지 않으리니
> 이 도리는 옛날부터 떨어질 수 없는 거네.

일본에 머무는 동안 김성일이 취한 태도는 이 시에 잘 압축
되어 있다. 히데요시가 보낸 무례한 답서의 내용을 고치지 않으
면 '죽음을 불사하더라도 돌아가지 않겠다'면서 각오를 다졌듯

이, '생사 때문에 나의 절개를 바꾸지 않는다'는 것이 그의 소신이었다. 그런데 김성일의 삶에서 당시의 일본 파견은 그가 세상을 뜬 지 4백 년이 흐른 지금까지도 그의 발목을 잡는 족쇄가 되어 버렸다. 일본에서 돌아온 황윤길과 허성이 임금에게 "일본이 반드시 침략해 올 것이다"라고 보고한 데 반해, 김성일은 "반드시 그러하리라는 정황은 보지 못했습니다. 윤길이 쓸데없이 말을 장황하게 아뢰어 민심이 흔들리게 하니 이는 일을 바르게 처리하는 방법이 아닙니다"라는 상반된 보고를 했다. 결국 일본은 조선을 침략했고, 이런 이유로 당시 김성일이 했던 발언은 긴 세월이 지난 오늘날까지 회자되고 있는 것이다.

그렇다면 왜 그는 일본이 반드시 침략할 것이라는 황윤길과 허성의 말에 '꼭 그렇다고는 볼 수 없다'고 반박했을까? 이에 대한 실마리가 『당후일기堂後日記』에 실려 있다. 당시 이항복은 선조 임금의 질문에 다음과 같이 대답했다.

신묘년(1591) 봄에 신(이항복)이 승지로 있으면서 김성일에게 일본의 일에 대해 물어보니 김성일은 도리어 깊이 걱정하면서 단지 "남방을 방어하는 일로 민심을 소란하게 하여 왜적이 이르기 전에 나라가 먼저 무너질 지경에 이르렀으므로 그렇게 말하여 민심을 진정시키고자 한 것뿐이었습니다"라고 했습니다.

또한 류성룡은 임진왜란의 전후 사정을 기록해 둔 『징비록懲
毖錄』에서 김성일이 임금에게 보고를 마치고 나올 때 "'그대의
말이 황윤길의 말과 같지 않으니, 만일 전쟁이 일어나면 어찌하
려오?' 하니, 김성일은 '난들 왜가 장차 침략하지 않는다고 장담
할 수 있겠는가. 다만 황윤길의 말이 너무 지나쳐 온 나라의 백성
들이 혼란에 빠졌기에 내가 본대로 의혹을 풀어 준 것이네!' 라고
하였다"고 밝히고 있다.

　　실제로 통신사 일행이 일본에서 돌아와 임금에게 보고할 때
김성일이 자신의 의견을 제시한 뒤 최근 영남지역에서 성을 쌓는
일은 백성들의 삶을 지나치게 궁핍하게 하므로 즉시 중지하는 것
이 좋겠다고 하자 선조가 불편한 내색을 비치기도 했다. 아울러
그는 함경도순무어사 재직 시절에 지은 「적병행籍兵行」이라는 시
에서도 지나치게 무거운 부역과 세금으로 인해 백성들이 고통을
받고 있으므로 부역과 조세를 줄여 백성들을 부유하게 하는 것이
최우선이며, 그런 다음 효제충신의 도리를 익히도록 한다면 나라
의 힘이 저절로 강해져서 비록 상대가 강대국일지라도 당당하게
맞설 수 있다고 한 적이 있다.

　　그런데 사실, 1590년 일본으로 건너갔던 황윤길, 김성일, 허
성 가운데 일본의 군사력을 살피고 일본의 국내 정보를 수집했다
는 기록은 조선과 일본의 역사서 어디에도 나타나지 않는다. 이
들은 7개월 동안 일본 측이 지정한 숙소에 머물렀을 뿐이다. 또

뒷날 일본 장수 고니시 유키나가의 조선어 통역관으로 있던 요시라는 당시의 조선통신사들을 평하면서 "황윤길은 술에 취해 혼수에 빠져 있었고, 김성일은 절의만 숭상하여 다른 나라의 형세를 두루 살피려고 하지 않았으며, 허성은 스스로 자신이 낮은 지위에 있다고 생각하여 살피지 않은 바람에 일을 그르치게 하고 말았다"라고 했다. 그렇다면 결국 이들 세 사람 모두 정확한 정보의 출처도 없이 자신들의 잣대로 보고한 셈이 된다.

진주성을 지키다가 생을 마감하다

일본에서 돌아온 김성일은 선조에게 "두려워할 것은 일본이 아니라 인심人心에 있으니, 마땅히 성을 쌓는 일을 중지하여 민심을 진정시켜야 합니다"라고 직언直言을 한 탓인지, 주변에서 무관 출신의 인물을 추천했음에도 불구하고 선조의 특명에 의해 1592년 55세 되던 해 4월 11일에 경상우도병마절도사에 임명된다.

문관 출신이 변방의 장수로 임명된 것은 매우 드문 일이었다. 결국 김성일은 왕명을 받들어 한강을 건너게 되고,

도끼 들고 남쪽 향해 길을 떠나니
외로운 신하 한번 죽는 것 하찮은 일이로다.

유서諭書

1592년 학봉 김성일을 경상우도병마절도사로 명한다는 임명장이다.

고개 돌려 남산과 한강 바라보니

잊을 수 없는 남은 정 있도다.

라는 시를 남긴다. 그리고 임지로 향하던 중 임진왜란이 일어났다는 소식을 전해 듣는다. 4월 13일의 일이었다. 이에 김성일은 경상우병영慶尙右兵營이 위치한 창원으로 곧바로 향했다. 충주에 도착했을 무렵 왜적이 부산과 동래를 잇달아 함락했다는 소식을 듣고는 밤낮없이 말을 달려 의령지방에 이르니, 이미 왜적이 낙동강 오른편을 공격하고 있었다.

그러던 중 4월 17일, 선조는 의금부도사를 시켜 김성일을 체포해 오라는 명령을 내린다. 일본에서 돌아온 그가 왜적들이 금방 쳐들어올 정황을 보지 못했다고 보고한 탓에 민심이 흐트러졌

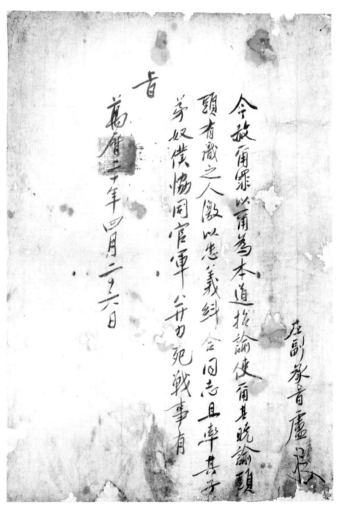

今敎有衆以肖爲本道招諭使肖其晚論頭
頭者識之人激以惠義糾合同志且率其子
等奴僕恊同官軍以勤効戰事有

旨
萬曆二十年四月二十六日

在副承旨臣盧[印]

유지有旨

1592년 학봉 김성일을 경상도초유사로 임명한다는 왕명을 받아 승지가 작성한 임명장이다.

고 결국 이로 인해 나라를 그릇된 방향으로 몰고 갔다는 이유에서였다. 얼마 후 김성일도 자신을 체포해 오라는 명령이 내려진 사실을 전해 듣고 죄인이 마냥 앉아서 기다릴 수만은 없다며 임금이 계신 북쪽을 향해 말을 달렸다. 충청도 직산에 이르렀을 때 왕명을 받든 선전관을 만났다. 불길한 예감이 들었다. 그러나 선전관은 선조가 노여움을 거두고 죄를 용서했다는 왕명을 전하고, 경상우도초유사(초유사: 전쟁 시 백성들을 무마하여 군비를 증강하는 특사)에 임명한다는 교지를 건넸다. 선조의 마음을 돌이킨 사람은 당시 우의정으로 있던 류성룡으로, 다음과 같이 간청 드렸던 것이다.

> 김성일은 지극한 마음으로 나라를 위했습니다. 그의 말이 비록 그릇되었다 하더라도 참뜻은 백성의 마음을 가라앉히는 데 있었으니, 그다지 크게 꾸짖을 일이 못됩니다. 이제 바야흐로 임지로 가서 군대를 정돈하여 적병을 막으려고 하는데, 갑자기 잡아들인다면 경상도에서 군대를 맡아서 움직일 사람이 없게 되어 일을 하는 데 더욱 해가 될 것이니, 우선 용서하여 주시기를 청합니다.

또한 왕세자 광해군도 합세하여 김성일을 변호했다. 경상우도초유사에 임명된 김성일은 말머리를 돌려 영남지역으로 다시 돌아온다. 5월 4일 함양에 도착하니, 백성들은 모두 떠나고 수령

초유문
학봉 김성일이 경상우도초유사에 있으면서 왜적과 싸워 줄 것을 백성들에게 호소하는 격문

과 늙은 아전들만이 남아 있었다. 이때 현령을 지낸 대소헌 조종
도趙宗道와 직장 벼슬을 지낸 송암松巖 이로李魯가 찾아왔다. 그러
고는 의병을 일으키는 데에 뜻을 같이하고 '도내의 선비와 백성
들을 깨우쳐 불러 모으는 글'(招諭一道士民文)을 지어 공포하였다.

> 나라의 운수가 극히 불운하여 섬 오랑캐가 침입하더니 우리
> 강토를 마구 짓밟고 있다. 큰 성城과 큰 진鎭에는 방비책防備策
> 을 설치하지 않았던 탓에 열흘 사이에 관문과 고개를 넘어 곧
> 바로 서울을 공격하였다. 이에 주상께서도 서울을 떠나 피난
> 하시고 온 나라 사람들이 몸을 피해 숨어 버렸으니, 나라가 생
> 긴 이래 오랑캐의 화란이 오늘날처럼 참혹한 적은 일찍이 없
> 었다.
> ......
> 거센 파도에 한 번 무너진 둑은 막아 낼 도리가 없다. 성에는

창을 든 군사가 없고 고을에는 죽기를 각오하고 싸우는 신하
가 없기에 왜적들은 마치 무인지경無人之境에 들어오듯이 몰
려와서 마침내 영남 한 도가 왜적 소굴이 되어 버렸다. 그래서
마치 흙더미가 무너지듯 기왓장이 깨지듯 하여 오늘과 내일을
보전하기 어렵게 되었으니, 이 얼마나 큰 변고인가. 그러나 이
것이 어찌 변장邊將이나 수령만의 잘못이겠는가. 이 지방의 선
비와 백성들 또한 그 책임을 모면하지는 못하리라. 옛날에도
대란大亂을 당하여 나라를 잘 지킬 수 있었던 것은, 윗사람은
죽기를 각오하고 싸울 뜻이 있었으며 아랫사람은 윗사람을 위
해 목숨을 바칠 마음이 있었기 때문이다. 지금은 왜적들이 아
직 이르지 않았는데도 선비와 백성들은 앞장서서 도망쳐 산속
으로 숨어들어 구차스럽게 목숨을 부지하려고 하니, 수령에게
는 백성이 사라지고 장수에게는 군졸이 없어지니, 장차 누구
와 더불어 적을 막으리오.

……

근년 들어 세금과 부역이 과중했으니, 백성들이 명령을 감당하기 힘들었으리라. 그러나 성을 쌓고 못을 파고 방어력을 구비하는 일은 난리에 대비하는 것으로, 성상께서 백성을 보전하려는 원대한 생각에서 비롯된 것이다. 이것이 어찌 백성들을 병들게 하고 스스로를 이롭게 하는 것이겠는가. 하물며 추나라와 노나라의 싸움은 비록 한쪽은 이기고 한쪽은 졌지만 같은 중국이었으므로 백성에게는 이롭거나 손해될 것이 없었다. 그러나 왜적의 무리는 우리 땅에 한번 발을 들여놓더니만 자리 잡고 굳세게 버티려는 뜻이 보이며, 부녀자를 잡아서 처첩으로 삼고 장정을 마구 죽여 씨를 남기지 않았으며 즐비한 민가를 불태워 잿더미로 만들고 공사公私의 재물을 모두 약탈하였다. 이에 독기는 사방에 가득하고 피(血)는 천 리나 흘렀으니, 살아 있는 백성들의 고난을 어찌 차마 다 말할 수 있겠는가.

이때야말로 선비는 창을 메고 잠을 잘 때요, 충신은 나라를 위해 목숨을 바쳐야 할 때인데도, 경상도 67개 고을 가운데 아직 의병을 일으키고 분발하는 사람은 없고 오직 남들보다 먼저 도망가지 못할까 전전긍긍하고 깊은 산속으로 숨지 못할까 두려워하고 있다. 그러니 어찌 탄식을 금할 수 있겠는가. 설령 산에 들어가 왜적을 피하고 자신과 가족들의 목숨을 보전한다

하더라도, 열사는 오히려 이를 수치스럽게 여겨야 하거늘, 하
물며 보전할 방법이 절대로 없을 터인데 이 어찌할 것인가. 내
가 그 이유에 대해 상세히 설명하여 사민士民들의 의혹을 깨우
쳐 주리라. 지금 왜적들은 서울을 침범하는 일에 급급해 군사
가 머무르지 않고 행군해 갔기 때문에 병화兵禍가 여러 고을에
두루 미치지 않았으나, 왜적들의 목적이 달성된 후에는 흉악
한 무리들이 성안에 가득 찰 것이니 산골짜기가 과연 죽음을
피할 마땅한 곳이 되겠는가. 이는 마치 큰 물결이 하늘까지 덮
을 듯하고 거센 불길이 들판을 불태우는 것과 같을 텐데, 가여
운 우리 백성들은 어느 곳에 몸을 숨기고자 하는가.

......

돌아보건대 영남은 본디 인재의 보고寶庫라고 일컬어져 왔다.
일천 년의 신라와 오백 년의 고려와 우리 조선의 이백 년 동안
충신효자의 뛰어난 명성과 군건한 정의는 청사靑史에 빛났으
며 절개와 의리의 아름다움과 순후한 습속은 우리나라에서 으
뜸인지라, 이것은 사민들 모두 익히 알고 있는 바이다. 또 근래
에는 퇴계와 남명 두 선생이 한 시대에 나란히 도학道學을 일
으켜 인심을 순화시키고 기강을 바로잡는 것을 임무로 삼아
젊은 선비들을 훈도하였으므로, 두 선생의 교육에 감화하여
성현의 글을 읽고 외워 이 정도면 충분하다고 스스로 얼마나
자부하였던가. 그런데 하루아침에 변을 만나 오직 살기만을

구하고 죽기를 피하는 데 급급하여 스스로 임금을 버리고 어버이를 뒤로 하는 죄악에 빠지고 말았다. 그러니 구차스럽게 목숨을 부지한다 하더라도 장차 어떻게 같은 하늘을 머리에 이고 살 수 있으며, 죽어 지하에 돌아가서는 무슨 면목으로 우리 선현들을 뵈올 것인가.

……

지금 목숨을 부지하기 위해 도망친 군사가 산골짜기에 가득히 널려 있어 처음에는 비록 목숨을 연명하고자 하였으나 마침내 죽음을 면하기 어렵다는 것을 깨닫게 되어 떨치고 일어나 나라를 위해 싸우리라 다짐하고 있지만, 앞에서 주창하는 자가 없어 가만히 있을 뿐이다. 이때 한 사람의 의사義士가 떨치고 일어나 큰소리로 한번 외치기만 하면 원근에서 구름같이 모이고 메아리처럼 호응하여 앉은 자리에서 계책을 세울 수 있을 것이다. 성상께서 이미 애통한 교서敎書를 내리셨으며, 또 소신小臣을 쓸모없다 여기지 않으시고 초유招諭(백성들을 모아 유시함)의 책임을 맡기셨으니, 당唐나라의 무식한 군사와 사나운 군졸들도 홍원興元의 조서詔書를 보고 울었는데 하물며 예의를 숭상하는 지방의 선비로서 어찌 임금과 아비의 위급함을 돌보지 않겠는가.

진실로 원하노니, 이 격문檄文을 받는 날로 수령은 고을 사람들을 효유曉諭(알아듣도록 타이름)하고 변장은 사졸을 격려하여 문무文武의 조정 관원들과 부로父老, 유생儒生 등 모든 사람들은 서로 타일러 동지를 불러 이끌고, 충의로써 단결하여 스스로 방비책을 세우고, 또 군사들을 이끌고 싸움도 거들며, 부자는 수레로 곡식을 날라 군량을 대고, 용사는 갑옷이라도 뚫을 용기를 내어 적을 무찌르라. 집집마다 사람마다 각자 싸우면서 일시에 함께 일어나면 군사의 위용은 크게 떨쳐질 것이며 용기는 백배나 되어 괭이나 고무래조차도 튼튼한 갑옷과 날카로운 무기로 변할 것이니 비록 큰 칼과 긴 창이 앞에 닥치더라도 무엇을 두려워할 것인가. 만약 성공하면 나라의 부끄러움을 완전히 씻을 것이며 성공하지 못하더라도 의로운 귀신이 될 것이니 제군은 힘쓸지어다.

나는 일개 하찮은 선비이기에 비록 전쟁하는 일은 배우지 못했으나 임금과 신하의 대의大義는 익히 알고 있으며 온 도내가 뒤엎어진 지금 중책을 맡아, 뜻은 기울어 가는 초楚나라를 보전하는 것과 같은 심정이지만 포서包胥의 충성을 본받을 수 없어 종묘宗廟에 통곡하고 군사를 일으켜 한갓 장순張巡의 충렬을 사모하면서 의사義士들의 힘을 빌려 공功을 세우기 바라노라. 조정에서 상을 내리는 격식은 훗날 있을 것이니 마땅히 알지어라.

김성일의 초유문이 각 고을에 도착하자 나라를 위해 목숨을

유서통諭書筒
유서를 넣어 가지고 다니던 통이다.

패도佩刀
학봉 김성일이 사용하던 검이다.

바치겠다는 사람들이 모여들기 시작했다. 이에 그는 조종도와 이로에게 각 읍마다 통문通文을 보내 인망이 있는 사람을 군사와 군량을 모으는 소모관召募官으로 임명하도록 지시했다. 그리고 거창과 합천에서 의병을 일으킨 김면金沔과 정인홍鄭仁弘을 의병 대장으로 삼았으며, 의병장 곽재우郭再祐에게 글을 보내 격려하고 더욱 분발해 줄 것을 당부하였다. 이로써 각지에서 의병들의 기세가 충만해졌다.

김성일은 함양에서 산음 단성을 거쳐 진주로 향했다. 도착해 보니 목사牧使와 관리는 도망가고 텅 빈 성 앞으로 남강이 말없이 흐르고 있었다. 조종도, 이로와 함께 주위를 돌아보며 비통함에 젖어 있던 중 조종도가 울분에 가득 찬 목소리로 "적의 칼날에 죽기보다 차라리 저 강물에 함께 빠져 죽는 것이 낫지 않겠는가!"라고 하니, 김성일은 "한번 죽기가 어려울 것은 없으나 그대로 죽기만 한다면 무슨 소용이 있겠는가?"라고 하면서 울분을 가라앉혔다. 잠시 후 김성일은 두 사람과 함께 촉석루에 올랐다. 그러고는 비장함에 가득 찬 표정으로 「촉석루矗石樓 삼장사시三壯士詩」를 지었다.

촉석루 누각 위 세 장사
한 잔 술에 웃으며 남강을 굽어보네.
남강의 물은 밤낮 쉬지 않고 흐르니

촉석루矗石樓 삼장사기실비三壯士記實碑
임진왜란 당시 학봉 김성일, 조종도, 이로의 진주 수성 공적을 기리기 위해 1960년 8월 영남유림
325문중이 뜻을 모아 촉석루 경내에 세운 비석이다.

우리들 넋도 저 강물처럼 길이길이 남으리.

　　김성일은 지리산 속으로 도망가 있던 진주판관 김시민金時敏
을 불러 진주목사에 임명한 뒤, 군사를 모아 부대를 조직하고 성
을 쌓고 못을 파서 병기를 수리하라는 지시를 내리고 흐트러진
전세를 하나둘 가다듬었다. 하지만 군영에 기강이 없어 병사들
은 틈만 나면 도망을 가곤 했다. 이에 군율을 정해 엄격히 시행하
면서 진주성 방비에 최선을 기울였다. 그러면서 "진주는 호남의

보루이다. 진주가 없으면 호남이 없고, 호남이 없으면 나라가 없어진다. 적의 목표가 호남이니 호남 수비에 소홀하면 모든 것이 끝난다. 그러므로 진주성만은 왜적에게 넘겨주지 말아야 한다"라고 각오를 다졌다.

시간이 지날수록 관과 백성의 힘이 점차 모아졌고 의병들의 활약도 한층 활발해졌다. 그러자 김성일은 두 번째 초유 격문을 지어 각 고을로 보냈다. 초유문이 널리 유포되자 산속에 숨어 있던 사람들이 하나둘 나와 의병에 합류했다. 이때 김성일은 거창에 머물고 있었는데, 왜적이 진해의 적과 연합하여 대규모 진주 침공을 계획하고 있다는 정보를 듣고 단성, 함양, 산음의 병력을 진주로 급히 이동시키는 한편, 김시민에게는 진주성을 지키도록 했다. 의병장 곽재우도 진주성 수호에 합류하였다. 마침내 왜적이 진주성 바로 아래까지 공격해 왔다. 왜적이 강물에 가로막혀 머뭇거리고 있을 때 김성일은 스스로 앞장서서 싸움을 독려했고 그 결과 왜적은 많은 사상자를 내고 후퇴했다. 이를 기반으로 격렬하게 왜적을 추격하여 사천, 진해, 고성 등 왜적에게 빼앗겼던 여러 고을의 땅을 되찾았다.

왜적은 경상우도의 방어가 튼실하여 더 이상 뚫을 수 없게 되자, 경상좌도로 들어갔다. 그러자 조정에서는 경상좌도를 수호할 수 있는 마땅한 순찰사가 없다는 이유로 김성일을 경상좌도 관찰사 겸 순찰사에 임명하였다. 그러면서 선조는 "그대의 우국

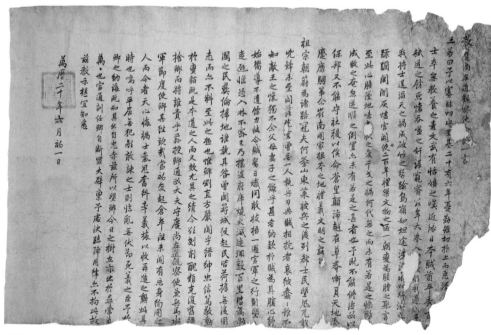

교서敎書
1592년에 선조 임금이 경상좌도관찰사 학봉 김성일에게 내린 교서이다.

충정이 만백성을 움직였다. 오랑캐를 몰아내고 옛터를 회복하는
데 그대가 아니면 과연 누가 하겠는가? 그대에게 경상좌도감사
직을 제수한다"는 교서를 내린다.

    교서를 받은 김성일은 서둘러 경상좌도로 향했다. 이때 경
상우도의 병사와 백성들은 우도에 계속 머물러 주기를 호소했으
나, 그는 "왕명이니 어찌 내 마음대로 하겠는가?" 하면서 말을 달
렸다. 그러자 합천 · 초계 · 삼가 · 의령 · 진주 · 단성 등의 유생
들이 박이문을 소수疏首로 삼고, 거창 · 안음 · 산음 · 함양 등의

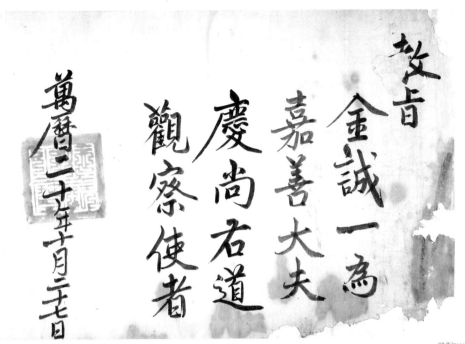

교지|敎旨
1592년에 학봉 김성일을 가선대부 경상우도관찰사로 명한다는 임명장이다.

유생들이 진사 정유명을 소수로 삼아 조정으로 달려가서 김성일
이 경상우도를 지킬 수 있도록 해 달라는 소疏를 올렸다. 선조로
서는 난감하기 짝이 없었으나, 유생들의 강력한 주장에 마침내
김성일의 직책을 원상태로 돌리라는 명령을 내린다. 당시 김성
일은 신령에 머물고 있었는데, 왕명을 받고 경상우도로 다시 돌
아오게 된다. 이로써 김성일이 경상좌도에 머문 시간은 왕복시
간을 제외하고 한 달 남짓이었다.

　그해 10월, 왜란이 일어난 지 거의 반년이 지났다. 산음 본

철추鐵椎
학봉 김성일이 경상우도관찰사로 있을 때 휴대했던 무기이다.

부에 머물고 있던 김성일은 창원의 왜적이 부산과 김해에 있던
수만 명의 왜적과 연합하여 지난번 진주성에서 당한 패배를 보
복하고자 한다는 소식을 듣는다. 이에 서둘러 김시민을 진주로
돌려보내고, 자신은 호남으로 통하는 주요 길목인 의령으로 이
동했다.

　10월 5일, 김성일의 지시를 받은 김시민은 성문을 굳게 닫고
철통 방비 태세에 돌입했다. 왜적 3만 명이 대나무를 베어 높은
누각을 만들고 그 위에 올라가 총을 쏘며 총공세를 취했다. 그러
자 성안에서는 화약을 매단 큰 화살을 쏘아 누각을 파괴함으로써

왜적의 접근을 막았다. 이때 의병장 곽재우도 성 바깥에서 진주 성 방어 지원에 큰 힘을 보탰다. 왜적은 11일 밤을 최후의 결전일 로 잡아 총진격을 시작했고, 우리 측은 마른 갈대에 화약을 싸서 던지고 끓는 물을 성 아래로 붓고 큰 돌을 성 아래로 굴리는 등 온 힘을 쏟아 적을 막아 냈다. 왜적은 3만 군사를 앞세워 7일에 걸쳐 밤낮 가리지 않고 진주성을 공략했지만, 결국에는 실패하고 엄청난 사상자를 낸 채 물러났다.

이 싸움이 바로 이순신의 한산대첩, 권율의 행주대첩과 함께 임진왜란 3대 대첩의 하나인 진주대첩이다. 그런데 안타깝게도 성안에서 싸움을 지휘했던 김시민은 적탄에 맞아 깊은 상처를 입 고 말았다. 김성일은 서둘러 진주성으로 달려가서 장수들을 격 려하고, 굶주림에 아우성치는 백성들에게 쌀과 소금을 나누어 주 면서 민심을 달랬다. 돌림병이 돌아 여기저기서 쓰러지는 사람 이 셀 수 없을 정도였다. 그는 거의 매일 백성들을 돌보느라 끼니 한번 제대로 때운 적이 없었다.

김성일은 전란이 남기고 간 크나큰 상처를 확인하고 군사들 과 백성들을 위로한 후 산음 본부로 다시 돌아왔다. 그러던 어느 늦은 밤, 섣달그믐 차가운 달빛 아래서 붓을 꺼내 들더니 "요사 이 추위에 모두들 어찌 계시는지 심히 걱정이 되오"라고 편지를 써 내려갔다. 안동 납실(猿谷)에 피난해 있는 가족들에게 보내는 편지였다. 편지를 쓰는 내내 김성일의 얼굴은 침울했다. 그리고는 "살아서 서로 다시 보면 그때나 나을까마는 기필期必을 정하지 못하겠소. 그리워하지 말고 편안히 계시오"라고 끝을 맺었다. 또 자신은 끼니 한번 제대로 챙기지 못하면서 가족들에게 보낼 조기 2마리, 석이버섯 2근, 석류 20개를 정성스럽게 종이에 싸서 머리맡에 두고는 잠을 청했다.

1593년 새해 아침이 밝아 각 고을 수령과 장수들이 모였다. 김성일은 "해가 바뀌어도 왜적들이 나라 안에 가득하고 임금은 멀리 있어 소식조차 아득하다. 나라 위해 죽지 못한 이 신하가 적을 모두 소탕하지 못하고 새해를 맞으니 무슨 낯으로 하늘의 해를 보겠는가?"라고 하면서 울분을 쏟아냈다. 3월 4일이 되어 그는 임금에게 굶주린 군사들과 백성들이 먹을 쌀이 크게 부족하고 전쟁에 필요한 물자가 턱없이 모자란다는 보고를 올렸다. 이것이 그가 올린 마지막 보고가 되었다.

4월이 되자 김성일은 진주로 돌아왔다. 굶어 죽은 송장이 길바닥 여기저기 널려 있고, 굶주린 백성들은 쑥대머리를 풀어헤치고 떼를 지어 길가에 엎드려서 살려 달라고 흐느꼈다. 김성일은 즉시 죽을 끓이고 약을 달이도록 지시하였고, 몸소 그들을 돌보았다. 하지만 돌림병은 점차 퍼져 나갔다. 환자들이 성안으로 들어와 울부짖는 소리에 목이 메어 차마 수저를 들지 못했다. 보좌하는 장수들이 나라를 위해서라도 몸을 보전하라고 권했지만, "음식이 넘어가지 않는다"라며 먹기를 거부했다.

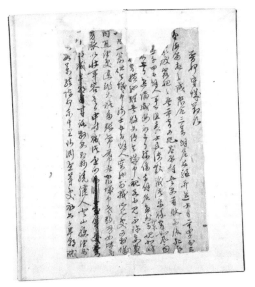

　4월 19일, 김성일이 돌림병에 걸렸다. 늙은 의원이 진맥을 하더니 "이 병은 어찌할 도리가 없다" 하면서 어두운 표정을 지었다. 부하들이 약 먹기를 권했으나, 그는 "내 병이 이미 깊어 약을 먹고 살아날 것 같지 않다"라며 고개를 저었다. 자리에 누워 정신이 혼미한 가운데 가냘픈 목소리로 뱉어 내는 모든 말은 오직 나라를 걱정하는 말뿐이었다. 1593년 4월 29일, 진주 공관에서 숨을 거두었다. 56세였다.

와룡 가수내에 영면하다

김성일이 숨을 거두자 전란을 함께 겪어왔던 조종도와 이로를 비롯해 생질 류복립柳復立이 상喪을 주관했다. 소식을 전해들은 백성들이 성 밖에서 가슴을 치고 발을 구르며 슬피 울었다. 서애 류성룡 역시 "내 평생의 지우知友는 사순士純(학봉 김성일) 한 사람뿐이었는데, 불행하게도 지금은 없다"라며 애통함에 눈물을 흘렸다.

김성일의 유해는 곧바로 고향으로 향하지 못하고 지리산에 임시로 매장되었다. 그가 세상을 뜨고 난 지 두 달 만에 진주성이 함락되었고, 경상우도 대부분이 왜적으로 들끓었다. 며칠 지나 아버지의 안타까운 소식을 전해들은 장남 김집金潗이 한숨에 달려왔다. 그러고는 임시 묘소 아래 여막廬幕을 짓고 거처하면서 아버지의 넋을 기렸다. 십여 년 전 1580년, 김성일 역시 43세 되던 해에 아버지 청계 김진이 세상을 뜨자 식음을 마다하고 슬퍼하였다. 그러고는 오랫동안 내린 비로 진흙탕이 된 뜰에 엎드려 흐느끼면서 좀처럼 일어설 줄 몰랐다. 졸곡卒哭을 마치기 전까지 울음소리가 끊어지지 않았으며, 잠잘 때도 자리를 깔지 않았다. 장례를 치른 후에는 아버지 묘소 아래 여막을 세워 시묘살이를 했고, 1582년 탈상할 때까지 잠시도 상복을 벗지 않았다. 당시 김성일은 아버지를 그리워하며 시 한 편을 지었다.

상 마친 뒤 어떤 마음으로 집으로 돌아갈꼬
백운정에서 한 달 남짓 머물러 있었네.
천 줄기의 피눈물은 강물처럼 흐르고
삼 년 동안 얼굴 모습 꿈속에서 보았네.
산소 살핌 오랫동안 비바람에 못하였고
몸 어루만지면서 상복 벗으면서 통곡하였네.
하늘 닿는 이내 한을 누가 먼저 알았을꼬
주신 시 세 번 읽자 내 마음 들뜨네.

1582년 대상大祥을 마친 김성일은 아버지를 잃은 슬픔이 채 가시기 전인 7월에 성균관사예에 임명되었으나 부름에 응하지 않았다. 슬픔이 너무 깊었기 때문이다. 그러고는 지금까지 살고 있던 임동 납실(猿谷)을 떠나 처가 터전인 서후면 검제(金溪)로 옮겨 간다. 아버지가 살아 계실 적에는 자주 찾아뵐 수 있도록 불편을 감수하면서까지 일부러 내앞 본가 가까운 곳에 머물렀던 것이다.

1593년 12월, 지리산에 안치되었던 김성일의 영구가 안동 와룡면 서지리 가수내(嘉樹川)에 도착했다. 후손들을 비롯해 온 고을 사람들이 눈물을 흘리며 슬퍼하였다. 유해를 안치시키기 위해 묘소의 흙을 파던 중 커다란 북 모양의 바윗돌이 나왔다. 그로부터 26년이 지난 1619년 무더운 여름 어느 날, 스승 퇴계 이황 아래서 함께 공부했던 한강寒岡 정구鄭逑(1543~1620)가 묘소를 찾았다. 그러고는 생전의 김성일을 떠올리면서 바위에 '묘방석에 쓰노라' 라는 제목의 글을 새겼다.

　　사순의 이름은 성일이니 문소(의성)김씨이다. 무술년에 나서
　　계사년에 돌아가셨다. 무진년에 문과에 급제하고, 임진년에
　　경상감사가 되었다. 일본 사행길에 정직하여 흔들리지 않아
　　우리 임금의 위엄이 오랑캐 나라에 퍼졌고, 병란(임진왜란)에
　　초유招諭의 대명을 받고 도민을 지성으로 감동케 하여 영남지
　　방에 들어온 적을 막았다. 충성은 사직社稷을 지키게 했고, 이
　　름은 나라 역사에 길이 전해지리라. 일찍 퇴계선생 문하에 올

학봉 김성일 묘소
안동 와룡면 서지리 가수내에 위치한 학봉 김성일의 묘소이다.

학봉 김성일 묘방석
1593년 학봉 김성일의 묘소를 조성할 때 흙을 파던 중 땅속에서 발견된 바윗돌이다. 너비 175cm,
높이 155cm, 두께 130cm, 둘레 500cm이다.

서지재사西枝齋舍
학봉 김성일의 묘제를 지내기 위한 재사이다. 중요민속자료 제182호로 지정되어 있다.

라 심학의 요도를 들었으니, 그 덕행과 훈업이 천백세에 빛나
리라.

1770년에는 김성일의 묘제를 지내기 위해 재사(西枝齋舍)를
세웠다. 묘소 동쪽 기슭에 세워진 서지재사는 정면 5칸, 측면 5칸
의 'ㅁ'자형으로, 앞면을 다락집 형태로 꾸민 건축기법이 매우
특이하다. 2층으로 된 건물 아래에는 광, 대문간, 외양간 등을 두
고 위에는 누마루를 마련했는데, 주로 시제를 지낸 후에 음복장
소로 이용된다. 현재 중요민속자료 제182호로 지정되어 있다.

흥미로운 이야기가 전한다. 1930년대 일제강점기에 중앙선
철도 개설을 계획할 당시, 설계도에 철도가 김성일 묘소가 자리
한 가수천을 관통하게끔 그려져 있었다. 이 사실을 전해들은 후
손과 제자들이 묘소의 내룡來龍이 끊어지는 것은 도저히 있을 수
없는 일이라며 크게 분노했다. 그러고는 수백 명이 조선총독부
에 찾아가 진정서를 제출하면서 변경해 줄 것을 강력 요구하였
다. 이후 갖은 우여곡절을 겪다가 묘소에 훼손이 가지 않도록 설
계를 변경하여 터널을 다섯 개나 뚫어 우회하게 되었다고 한다.
김성일이 남기고 간 뜻을 기리려는 후손과 제자들의 굳은 향념向
念이 잘 드러나는 이야기이다.

나라와 고을에서
학봉 김성일의 뜻을 기리다

　　김성일의 뜻을 기리는 일은 후손들과 제자들에게만 국한되지 않았다. 나라 역시 충군애민忠君愛民의 삶을 살다간 김성일의 뜻을 높이 기렸다.

　　김성일의 유해를 가수내에 안치시키고 난 이듬해 1594년 2월, 조정에서는 김성일의 추증追贈 문제가 거론되었다. 영중추부사 김응남은 "김성일이 영남에서 마음을 다한 일은 추증되어야 마땅합니다"라고 하면서 운을 떼었다. 부제학 김우현 역시 "성일이 초유사가 되어 의병을 모아 마음을 다해 적을 막아 내어 왜적이 함부로 날뛰지 못하고, 호남에 아직도 살아남은 사람이 있는 것은 모두 성일의 덕택이니, 그 공이 매우 큽니다"라고 덧붙였다. 그러자 선조 임금은 "그것은 그러하다. 다만 그가 수길秀吉(도요토미 히데요시)에게 속아서 '그를 두려워할 것이 못 된다'고 했으니……"라고 말끝을 흐렸다. 역시 이번에도 일본 사행을 다녀와서 선조에게 보고했던 발언이 김성일의 발목을 잡았다.

그럼에도 김우현과 정경세가 계속해서 "성일은 정직하고 흔들리지 않았기 때문에 왜인이 공경하고 극히 꺼려했다 합니다"라고 하는가 하면, 이항복 역시 "당시 성일은 왜적이 두려워 오직 성을 쌓는 일에만 몰두하면 민심이 동요하여 왜적이 오기 전에 오히려 무너질까 두려워 인심을 진정시키려고 그와 같이 말했습니다"라고 하면서 억울함을 호소했다.

이후 수차례에 걸친 신하들의 간청 끝에 1605년 9월 30일, 김성일은 선무원종공신 1등에 책록되고 가선대부 이조참판에 추증된다. 그로부터 2년 후 1607년 고을 유림들은 안동 임하 서쪽 편에 임천향사臨川鄉社를 세우고 김성일의 위패를 모셨다. 봉안제를 올릴 당시 한강 정구가 안동부사에 재직하고 있었는데, 손수 글을 지어 김성일을 기렸다. 정구는 "충의는 골수에 박혔으며, 도리道理는 심장에 가득하다"라고 하면서 생전의 김성일을 떠올렸다. 김성일과 정구는 퇴계 이황 아래서 함께 공부했던 동학同學이다. 그리고 다시 2년이 지난 1609년에 광해군이 즉위하여 임천향사에 사제賜祭(임금이 죽은 신하에게 제사를 내려 주는 것)하였다. 이때 광해군은 손수 제문을 지어 함께 보냈다.

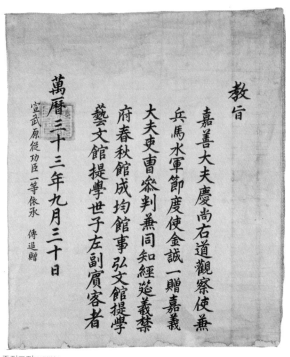

教旨

嘉善大夫慶尚右道觀察使兼
兵馬水軍節度使金誠一贈嘉義
大夫吏曹參判兼同知經筵義禁
府春秋館成均館事弘文館提學
藝文館提學世子左副賓客者

萬曆三十三年九月三十日
宣武原從功臣一等依承　傳追贈

증직교지 贈職敎旨
1605년에 학봉 김성일에게 이조참판 등의 벼슬을 추증하는 임명장이다.

치제문 致祭文

아아, 영혼이여.
하늘이 호걸을 뽑아내시고
산악에서 신령스런 사람 보내주었네.

덕 갖추고 있는 데다 문장 뛰어나

우뚝하니 이름난 신하 되었네.

왕명을 받들고 사신을 가니

섬 오랑캐 혼이 모두 달아났다네.

국방의 중책 맡아 왜적토벌 하니

참유학자라서 맞설 만한 상대 없었네.

몸을 달려 전장을 누비기를

목숨이 다해서야 그만두었네.

황천에서 살아나기 어려울 테니

군사들은 이제 누굴 의지할 건가.

간략하게 포상하는 은전 내리니

어찌 그 공 갚는 거라 할 수 있겠나.

내가 처음 왕위를 이어받고서

그대의 외론 충성 생각하였네.

천리 멀리 제사 지낼 사람 보내어

조촐하게 제수 차려 잔을 올리니.

만약에 영혼이 존재한다면

어서 와서 이 제사를 흠향하게나.

김성일에게 광해군은 각별한 임금이었다. 1592년 4월 11일,
김성일이 경상우도병마절도사에 임명되어 부임지 창원에 머물

임천서원臨川書院
학봉 김성일을 모시는 서원이다. 원래 임하면 임하리에 세워졌으나, 이후 풍산읍 석문정사 서쪽
기슭으로 이건하여 서원철폐령으로 훼철되었다가 1909년 지금의 송현동에 복원되었다.

고 있을 때, 이틀 후인 13일에 임진왜란이 일어났다. 김성일은 지난 2월 일본에서 사행 임무를 마치고 돌아와 선조에게 "왜적이 쳐들어 올 것이라는 정황은 보지 못했다"라는 보고를 한 적이 있다. 그런데 막상 왜적이 침략하자 선조는 당시 김성일이 잘못된 보고를 하는 바람에 민심이 흐트러지고 이로 인해 나라의 일을 그릇된 방향으로 몰고 갔다는 이유로 4월 17일 의금부도사를 시켜 김성일을 체포해 오라는 명령을 내린다. 그러나 우의정으로 있던 서애 류성룡의 간곡한 요청에 의해 명령이 거두어지는데, 이때 광해군도 김성일을 적극 옹호하고 나섰던 것이다.

1618년에는 김성일이 모셔져 있는 임천향사가 서원으로 승격되었다. 안동부사인 한강 정구의 적극적인 노력 덕분이었다. 1675년 숙종 때에는 지역 유림들이 김성일에게 시호諡號(죽은 자의 공덕을 기려서 내려주는 호)를 내려 줄 것을 청하는 소疏를 올린다. 그 이유는 "충의에 가득차고 절개가 드높았으며 이황 아래서 의리의 학문을 닦아 올곧은 마음과 올바른 행실을 지녔을 뿐만 아니라, 벼슬길에 있을 때는 임금의 싫어하는 안색도 아랑곳하지 않고 속임 없이 직간直諫하는 신하로서의 도리를 다했으며, 중국으로 건너가서 종계宗系를 바로잡는 데에 크게 기여했으며, 또 일본에 사신으로 갔을 때는 비굴함을 보이지 않아 나라를 욕되게 하지 않았으며, 전란(임진왜란)에서는 책임을 맡아(경상도 초유사와 관찰사) 정성을 다해 싸우다가 목숨을 잃었다"라는 것이었다.

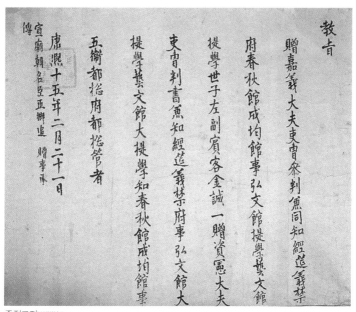

증직교지贈職敎旨

1676년에 학봉 김성일을 이조판서에 추증하는 임명장이다. 이 교지는 대학자이자 명필로 이름난
미수眉叟 허목許穆 선생이 82세의 고령에 우의정으로 있으면서 김성일을 존모하는 마음을 담아 직
접 쓴 것이다.

그런데 김성일에게 시호를 내리기 위해서는 해결해야 될 문
제가 있었다. 원래 시호는 정2품 이상의 벼슬을 가진 이들에게
내려지는 것인데, 김성일은 1605년 종2품에 해당하는 이조참판
에 추증되었기 때문이다. 그래서 신하들은 "정2품 이상에게 시
호를 내리는 것이 전례典禮이지만, 명신名臣의 경우에는 구애되지
않아도 무관하다"라며 간청했다. 결국 이듬해 1676년 이조참판

에서 한 단계 높여 이조판서로 추증되었다. 아마도 이는 절차상
의 하자를 없애려는 예조禮曹의 판단이었던 것 같다.

그런 다음 1679년, 마침내 '문충文忠'이라는 시호를 내려 받
았다. 시호의 유래를 설명해 둔 글귀에 따르면 '도덕을 널리 들
은 것을 '문文'이라 하고, 위험을 무릅쓰고 임금을 받든 것을 '충
忠'이라 한다'고 했다. 시호를 내려 받은 후 김성일의 위패가 봉
안되어 있는 호계서원虎溪書院(여강서원)에서 고유제를 올렸는데,
후손뿐만 아니라 지역 유림들이 흔쾌히 비용을 부담했다. 이날
모인 인원이 6백 명이 넘었다고 하니, 이로써 학봉 김성일은 특

1679년에 학봉 김성일에게 '문충文忠'이라는 시호를 내리는 교지이다. 도승지 매산梅山 이하진李夏鎭 선생의 글씨이다.

사빈서원泗濱書院
청계 김진과 그의 다섯 아들을 모시는 서원으로, 안동 임하면 천전2리에 위치하고 있다.

정 가문의 조상만이 아니라 고을 나아가 나라의 인물로 거듭나게
되었다.

　　1685년에는 아버지 김진의 초상화가 봉안되어 있는 경덕사
景德祠에 5형제와 함께 나란히 모셔졌다. 경덕사의 전신은 1675년
청계 김진의 묘소가 자리한 경출산 아래에 건립된 사빈영당으로,
김진의 초상화를 모시고 있었다. 1685년 지역 유림의 공론으로
다섯 아들의 위패를 함께 모시면서 경덕사라고 개칭했다가, 1709

년에 경출산에서 임하면 사의리의 사수변泗水邊으로 이건하면서
사빈서원으로 승격되었다. 이후 1868년 고종의 서원철폐령에 의
해 훼철되었다. 그러다가 1882년 지역 유림의 공론에 의해 강당
과 주사廚舍를 중건하였다. 1987년에는 임하댐 건설로 인해 임하
면 사의리에서 임하리로 옮겼다가, 2011년 임하면 천전리로 이
건했으며 이때부터 청계 김진과 다섯 아들의 위패를 봉안하고
있다.

『학봉선생문집』
학봉 김성일이 세상을 뜬 지 57년이 지난 1649년(인조 27)에 안동 여강서원에서 유림들이 간역을 시작해 완성
하였다. 총 16권 10책으로 구성되어 있다.

한편 1847년에는 임하면 임하리에 있던 임천서원을 풍산읍
석문정사 서쪽 기슭에 다시 세웠으며, 1851년에는 후손과 제자들
을 비롯한 지역 유림에서 김성일이 생전에 써 놓은 글을 모아
『학봉선생문집』을 간행하였다.

학봉종택에서 영구히 기억되다

　　학봉 김성일은 18세 되던 1555년 12월, 서후면 검제 출신 안동권씨에게 장가들었다. 장인은 당시 검제에서 상당한 경제적 기반을 갖고 있던 권덕황權德凰이었다. 혼인을 하고는 아버지 김진으로부터 임동 납실(猿谷)에 있는 토지를 상속받아 그곳에서 살았다. 납실은 김진이 농경지를 개척한 곳이었다. 그러다가 1580년 아버지가 세상을 뜨고, 1582년에 대상大祥을 마치고는 검제로 옮겨간다. 그의 나이 45세였다. 검제 처가에는 아들이 없었다. 딸은 몇 명 두었는지 확실하지 않지만, 김성일이 장모를 모시고 있었던 것으로 볼 때 처가 터전으로 옮겨 가면서 재산도 함께 물려받았을 가능성이 높다.

학봉종택
서후면 금계리에 위치한 학봉 김성일의 종가이다.

김성일은 시호를 내려 받은 후 지역 유림의 공론에 의해 불천위不遷位로 추대되었다. 그리하여 종택 좌측 언덕에 세워져 있는 사당에 그의 신주神主가 모셔져 있으며, 그가 숨을 거둔 음력 4월 29일의 기일에는 전국 각지에 살고 있는 후손들이 김성일을 만나기 위해 한걸음에 달려온다. 이처럼 김성일은 단순히 역사 속의 인물이 아니라 후손들과 함께 살아 숨 쉬는 존재로 영구히 기억되고 있는 것이다. 김성일이 불천위로 추대됨으로써 그의 기제사를 지속적으로 지낼 수 있게 되었으며, 또 그를 시조로 삼아 새로운 문중(학봉파)이 형성되었다. 그중에서 특히 김성일의 직계자손(장자)들로 이어 내려온 학봉종가는 직계와 방계 후손들을 아우르는 구심점이 되고 있으며, 이를 상징하는 것이 바로 김성일의 신주가 모셔져 있는 사당이다.

"후손이 잘나야 조상이 빛난다"라는 말이 있다. 조상은 생전에 뛰어난 학문적 업적과 덕을 갖추었지만, 후손들이 그러한 삶을 제대로 이어 가지 못하면 조상이 힘들여 구축해 놓은 것을 오히려 갉아먹는 셈이 된다. 그런 점에서 볼 때 김성일의 후손들은 그야말로 성공적인 삶을 살아왔다고 할 수 있다.

우선 학봉 김성일 이래 문과에 급제한 인물은 김시권(1583~1643), 김응렴(1710~1761), 김기찬(1748~1812), 김진형(1801~1865), 김진우(1805~1861), 김진의(1856~1926), 김용락(1795~1864), 김달연(1809~1856), 김홍락(1863~1943) 등 모두 9명이다. 또 생원시와 진사시, 곧

학봉종택

소과에 합격한 인물은 24명에 달한다. 벼슬 역시 만만치 않다. 음직蔭職으로 벼슬길에 오른 32명을 포함하면, 약 60명이 넘는 후손들이 벼슬길에 오른 셈이다. 아울러 평소 학문에 대한 열정이 남달랐던 김성일의 뜻을 받들어서인지, 후손 가운데 문집이나 유고를 발간한 인물은 51명이나 된다.

　　임금이나 왕실의 실책까지도 조금의 주저함 없이 추궁하는 등 그릇된 일에 대해서는 목숨을 던져서라도 바로잡으려고 했던 올곧은 성품 역시 후손들에게 그대로 전해졌다. 일제강점기 독

학봉 불천위 제사
매년 음력 4월 29일에 거행되는 학봉 김성일의 불천위 제사 장면이다.

립운동에 투신한 후손이 무려 17명에 달하는 것이다. 이는 독립
운동 포상을 받은 경우이고, 그 외의 인물까지 포함하면 훨씬 많
다. 그중에서도 특히 서산西山 김흥락金興洛(1827~1899)은 김성일의
11대 직계손(종손)으로, 1895년 일제가 국모 명성황후를 시해한
을미사변이 일어나자 제자 1백여 명과 함께 서후면 봉정사에 들
어가 머리를 풀고 곡哭을 했다. 그러고는 의병봉기를 촉구하는
'안동통문'을 영남 유림들에게 보냈다. 당시 전국 최초의 격문이
었다. 곧바로 수백 명의 의병을 모아 안동관찰부를 공격하여 12

학봉종가 길제吉祭(2010. 5. 2.)
2008년 타계한 14대 종손 김시인金時寅 옹의 삼년상을 마친 15대손 김종길 씨가 종손의 지위를 이어받는 길제를 거행하고 있다.

월 3일에 안동부를 점령했으며, 안동향교에 의병지휘소인 '도창의소都倡義所'를 설치하여 의병을 총지휘했다. 이후 고령에도 불구하고 의병전투를 직접 지휘하고 수많은 독립운동가를 배출하였다.

그런데 후손들이 김성일들로부터 물려받은 것은 강직하고 올곧은 성품만이 아니다. 2010년 7월 18일 안동 시내 모처에서 현 종손 김종길 씨(1941~)의 고희연古稀宴(칠순잔치)이 열렸다. 명문가의 종손이다 보니 후손을 비롯해 타 문중에서도 참석하여 약 수백 명에 이르는 하객들이 자리를 가득 메웠다. 순서에 따라 진행되는 가운데 종손이 인사를 드리게 되었다. 주된 내용은 "오늘 참석해 주셔서 감사드리고, 부족한 제가 종손 역할을 제대로 할 수 있도록 물심양면 도와주셔서 감사드린다" 등과 같은 감사의 마음을 전하는 것이었다.

그러다가 잠시 말을 멈추더니, 다시 이어 나갔다. "제가 이 자리에서 이런 말씀을 드리면 어떨지 모르겠습니다만, 사실 제가 그렇게 큰 욕을 먹지 않고 종손 역할을 할 수 있었던 것은 제가 잘나서가 아니라 이렇게 힘들고 어려운 집에 와서 불평 한마디 없이 묵묵히 따라와 준 내자內子(종부) 덕분입니다. 내자한테 고마울 따름입니다"라고 하면서, 연회석에 앉아 있는 종부를 뒤돌아봤다. 그 순간, 종손의 얼굴 위로 약 4백 년 전 학봉 김성일이 산음 병영의 막사에서 안동 납실로 보낸 편지 한 통이 오버랩되었다.

요사이 추위에 모두들 어찌 계시는지 심히 걱정이 되오. 나는 산음山陰(지금의 경남 산청) 고을에 와서 몸은 무사히 있지만, 봄이 닥치면 도적들이 다시 쳐들어올 것이니 어찌해야 할지 모르겠소. 직산稷山에 있던 옷은 다 여기에 왔으니 추워하고 있는가 걱정하지 마시오. 장모님 모시고 과세過歲 잘 하시오. 자식들에게는 편지를 따로 쓰지 못하오. 잘 있으라 하오. 감사監司라고는 해도 음식을 거우 먹고 다니는 형편이다 보니 아무 것도 보내지 못하오. 살아서 서로 다시 보면 그때나 나을까마는 기필期必을 정하지 못하겠소. 그리워하지 말고 편안히 계시오. 할 말이 끝이 없어 이만. 섣달 스무나흗날.(조기 2마리, 석이버섯 2근, 석류 20개 동봉)

김성일은 전란(임진왜란)이 한창일 때 가족들의 안부를 묻는 편지를 쓴다. 그런데 한문에 서툰 아내가 행여 편지를 제대로 읽지 못할 수도 있다는 우려에서 한글로 적어 내려갔다. 참으로 따뜻한 배려가 아닐 수 없다. 그런가 하면, 자신은 끼니 한번 제대로 한 적이 없으면서도 조기 2마리, 석이버섯 2근, 석류 20개를 어렵사리 구해서 함께 보내주었다.

그래서인지 15대 종손 김종길 씨의 인사말을 들으면서 '김성일의 따뜻한 배려심을 현 종손이 고스란히 물려받고 있구나!' 하는 생각이 절로 들었다. 아울러 '명문가의 후예'는 단지 잘난

조상을 두었다고 해서 만들어지는 것이 아니라 잘난 조상의 '잘
난 점'을 물려받아야만 비로소 다듬어진다는 사실도 새삼 깨달
았다. 그런 점에서 학봉 김성일의 후손들은 누구 못지않게 명문
가의 후예로서의 삶을 그야말로 제대로 살고 있는 셈이다.